# Einmachen

## Süß und pikant

Waltraud Angele

blv

# »Das alles können Sie selbst zaubern…«


- Mit selbst Eingemachtem durch alle Jahreszeiten Seite 8
- Das kleine Einkoch-Einmaleins Seite 10
- So geht's ans Eingemachte Seite 12
- Ihre Küchenhelfer Seite 14

**Obst aus unserem Garten** Seite 16

**Marmelade, Konfitüre, Gelee**

- Aprikosen-Konfitüre Seite 18
- Blüten-Gelee Seite 20
- Brombeer-Birnen-Marmelade und Brombeer-Konfitüre Seite 22
- Erdbeer-Konfitüre klassisch und à la française Seite 24
- Erdbeer-Rhabarber-Marmelade klassisch und beschwipst Seite 26
- Farbspiel-Marmelade Seite 28
- Gänseblümchen-Gelee Seite 30
- Himbeer-Konfitüre pur und mit Geist Seite 32
- Holunderblüten-Gelee Seite 34
- Honig-Vanille-Gelee Seite 36
- Johannisbeer-Kirsch-Marmelade Seite 38
- Löwenzahnblüten-Gelee und -Sirup Seite 40
- Orangen-Marmelade und Blutorangen-Gelee Seite 42
- Pfirsich-Himbeer-Marmelade, Pfirsich-Gelee Seite 44

- Rhabarber-Konfitüre in Apfelsaft Seite 46
- Rhabarber-Gelee Seite 48
- Stachelbeer-Gelee und -Konfitüre Seite 50
- Tannen-/Fichtenspitzen-Gelee und -Sirup Seite 52
- Weintrauben-Gelee, Weißwein-Trauben-Konfitüre Seite 54
- Zitronen-Gelee mit Holunder und mit Minze Seite 56
- Zwetschgen-Konfitüre und -Gelee Seite 58

**Obst-Spezialitäten**
- Apfel-Kompott Seite 60
- Aprikosen-Kontekt Seite 62
- Aprikosen-Soße, Johannisbeer-Soße weiß, rot, schwarz Seite 64
- Beeren-Dreierlei, Rote Grütze Seite 66
- Festes Fruchtsaft-Gelee Seite 68
- Holder-Mus mit Birnen Seite 70
- Kirsch-Röster, Zwetschgen-Powidl Seite 72
- Mirabellen-Kompott, Mirabellen eingekocht Seite 74
- Obst im Glas Seite 76
- Süßkirschen-Soße, Rhabarber-Soße Seite 78
- Zitrus-Gelee-Stücke Seite 80
- Zwetschgen im Glas für Kuchen, Zwetschgenkuchen Seite 82

# »... und noch viel mehr!«


**Gemüse aus unserem Garten** Seite 84

**Gemüse-Allerlei**

- Balkan-Gemüse Seite 86
- Gemüse kunterbunt Seite 88
- Eingelegtes Grill-Gemüse Seite 90
- Ratatouille-Topf Seite 92
- Eingelegte Rosmarin-Zucchini Seite 94
- Suppengemüse Seite 96

**Gemüse-Spezialitäten**

- Bohnen-Creme Seite 98
- Chutney aus grünen Tomaten Seite 100
- Chutney aus Kürbis und Orangen Seite 102
- Chutney aus Zucchini Seite 104

- Knoblauch-Zwiebel-Würzpaste, Knoblauch pikant Seite 106
- Pesto aus Bärlauch, Pesto aus getrockneten Tomaten Seite 108
- Relish aus gemischtem Gemüse Seite 110
- Relish aus Zwiebeln und Paprika Seite 112
- Tomaten-Ketchup, Lukullus-mediterran-Tomaten Seite 114

**Aus dem Kräuterbeet**

- Liebstöckel-Würzextrakt, Petersilien-Salz Seite 116
- Vital-Kräuterwasser, Kräuterlimonade Seite 118
- Querbeet-Kräutertee Seite 120
- Wohlfühl-Badesalz mit Duftblüten Seite 122

- Saisonkalender Seite 124
- Über die Autorin Seite 127

# Mit selbst Eingemachtem durch alle Jahreszeiten

Ich wuchs in einer Zeit auf, in der die Regale der Kaufläden noch nicht so überfüllt waren. Meine Eltern arbeiteten in der Landwirtschaft, wo man seit je darauf bedacht war, sich weitgehend selbst zu versorgen. Meine Mutter hatte immer ihren eigenen Garten, in dem Gemüse und Kräuter wuchsen, die sie gleich frisch verwendete oder einkochte. Uns Kinder nahm sie im Sommer mit in den Wald, um Beeren zu pflücken, aus denen die besten Marmeladen und Säfte entstanden.
Nach der Schule zog es mich zwar erst ins Büro, doch auch in dieser Zeit las ich oft Zeitschriften und Bücher über »Selbstversorgung aus dem eigenen Garten«. Die Freude daran, und das Bedürfnis, gesund für mich selbst zu sorgen, war mir eben in die Wiege gelegt worden.
Als junge Frau heiratete ich in die Landwirtschaft ein. Nun wuchs in mir der Wunsch nach einem eigenen Garten – und wurde erfüllt. Meine Schwiegermutter übergab mir ihren großen Bauerngarten mitsamt ihrem reichen Wissen über seine Pflege und eine vernünftige Vorratshaltung. Sie selbst legte sich einen kleinen Wohlfühlgarten an, den sie – wie meine Mutter – bis zum heutigen Tag hegt und pflegt.
Und auch meine Freude an der Gartenarbeit und einer fantasie- und planvollen Vorratshaltung ist bis heute unverändert. Vielmehr sind meine Begeisterung und mein Wissen in den fünf Jahren, die ich im Bauernhausmuseum in Wolfegg arbeite, gewachsen. Dort werden alte Rezepte nach Jahreszeiten ausgesucht und den Besuchern beim Schaukochen präsentiert. Zusätzlich erhalten sie ein »Versucherle« mit Rezept. Im Museum wird auch gezeigt, wie man Obst- und Gemüsesorten auf verschiedenste Weise konserviert. Am schönsten ist es, begeisterten Kindern die Freude an Selbstgekochtem, Gebackenem und Eingemachtem zu vermitteln.

In der Hoffnung, dass auch bei Ihnen, liebe Leserinnen und Leser, ein Funke der Begeisterung überspringt, ist dieses Buch entstanden. Es lag mir am Herzen, den Großteil der Rezepte mit Obst und Gemüse aus unserer Region auszuwählen – einige köstliche Ausnahmen mit exotischeren Früchten wollte ich mir nicht nehmen lassen.
Wer selbst keinen eigenen Garten hat, braucht sich die Neugier am Einmachen nicht nehmen lassen. Nutzen Sie das Angebot in den Läden, auf dem Wochenmarkt oder von Freunden, die gerne von dem Überfluss aus ihrem Garten abgeben. Ihrer eigenen Fantasie sind keine Grenzen gesetzt. In diesem Buch möchte ich meine Lieblingsrezepte und Tipps mit Ihnen teilen – von mir persönlich getestet und für gut befunden.

*Ihre Waltraud Angele*

# Das kleine Einkoch-Einmaleins

- Grundregel für alle Rezepte: Die Mengenangabe »netto« bezieht sich immer auf die gewaschenen, entkernten, enthäuteten und entstielten Früchte. 1 kg Früchte mit 500 g Gelierzucker (2:1) ergeben etwa 6 Gläser à 200 ml.

- Verwenden Sie nur frische und unbeschädigte Ware.

- Natürlich sollten auch Ihre Geräte sauber und unbeschädigt sein.

- Unabdingbar für die Haltbarkeit sind einwandfreie Gläser, Gummiringe und Deckel.

- Gläser, Gummiringe und Deckel müssen vor Benützung keimfrei in Wasser ausgekocht werden.

- Die Gläser werden bis zum Rand mit dem heißen Einkochgut gefüllt – stellen Sie diese dafür auf ein feuchtes Tuch. **Achten Sie darauf, dass die Glasränder sauber bleiben** – hilfreich ist dabei ein Spezialtrichter.

- Weckgläser werden bis einen Fingerbreit unter den Rand befüllt und alles gut mit Flüssigkeit bedeckt.

- Den keimfreien Gummiring nur auf einen vollkommen sauberen Glasrand auflegen. Der Glasdeckel wird dann mit Klammern oder Metallbügeln befestigt.

- Jetzt stellen Sie die Einkochgläser auf eine Drahtunterlage in den Einkochtopf und füllen diesen bis zu ¾ der Glashöhe mit Wasser. Bei unterschiedlich hohen Gläsern richtet sich der Wasserspiegel nach dem höchsten Glas.

- Die Temperaturen von Wasserbad und Füllgut müssen übereinstimmen.

- Temperatur und Einkochzeit können Sie den Rezepten entnehmen. Es ist wichtig, dass Sie sich an diese Angaben halten.

- Nehmen Sie das Einmachgut nach Ablauf der Einkochzeit aus dem Topf, um ein Weitergaren zu verhindern. Die Metallbügel bzw. Klammern dürfen Sie erst nach Abkühlung entfernen.

– Jetzt folgt der spannende Moment: Bleiben die Deckel fest auf dem Glas? Bei allen Gläsern gilt: Sitzt der Deckel nicht fest, gibt es sofort etwas Gutes zum Verzehr! Andernfalls sind Sie um ein Vorratsglas reicher. Aus diesem Grund sollten Sie nur unbeschädigte Deckel verwenden. Bei Twist-off-Gläsern bin ich persönlich davon abgekommen, sie nach dem heißen Einfüllen auf den Kopf zu stellen. Die Haltbarkeit wird dadurch nicht erhöht, und was bleibt, ist ein unschöner Glasrand.

– Vertrauen ist gut, Kontrolle ist besser: Prüfen Sie regelmäßig das Herstellungsdatum und ob das Glas noch dicht verschlossen ist. Schon die geringste Beschädigung von Glas, Gummi, Deckel oder Ring kann für verdorbenes Einmachgut verantwortlich sein.

– Verdorbenes Einmachgut muss konsequent entsorgt werden!

– Aufbewahrung: Ihre Schätze müssen maximal ein gutes Jahr haltbar bleiben. Vorratskeller oder Kühlschrank sind optimal, aber es geht auch anders – Hauptsache, gleichbleibend kühl und dunkel. Der Luxus, ausreichend Platz für Früchte und Gemüse in einer Gefriertruhe zu haben, gibt Ihnen die Möglichkeit, nach Lust, Zeit und Laune frische Marmelade, Gelee, Kompott oder Gemüsegerichte zu zaubern.

– Bei den ursprünglichen Konservierungsarten ohne Kühlung wie Trocknen, Räuchern oder Salzen verändern sich Geschmack und Aussehen, Nährstoffe gehen zum Teil verloren. Heutige Methoden wie Einfrieren, Einkochen oder Einlegen sind schonend und erhalten die Lebensmittel weitgehend in ihrer ursprünglichen Form und Farbe. Ich unterscheide zwischen Einkochen im Topf mit anschließendem heißem Einfüllen in sterilisierte Gläser einerseits und Einkochen im Einkochautomat oder Backofen mit speziellen Weckgläsern andererseits. Gemüse kann in gewürztem Essig eingelegt werden und muss danach ebenfalls eingekocht werden. Das Einmachgut wird dadurch haltbar und erhält einen neuen Geschmack. Die zweite Variante, Gemüse zu konservieren, ist das Einlegen in Öl (siehe Rezeptteil).

## So geht's ans Einmachen

Ob Sie sich im eigenen Garten bedienen oder auf dem Markt, welches Obst wann Saison hat, wie Sie süßen und welche Küchenhelfer Sie brauchen – mit den Tipps, Tricks und Bildern aus diesem Buch wird das Einmachen zum Kinderspiel, vom Ernten oder Einkaufen bis zur selbst gemachten Geschenkidee.

## Das richtige Timing: von A wie Apfel bis Z wie Zwetschge

Wenn Sie beim Ernten und Einkaufen auf die Saison achten, ist der erste Qualitätsschritt bereits getan. Der Saisonkalender auf Seite 124 kann Ihnen dabei als kleine Orientierungshilfe dienen. Sollten Sie das Glück haben, sich aus dem eigenen Garten bedienen zu können, kennen Sie den optimalen Ernte- und Verarbeitungszeitpunkt ohnehin am besten. Trotzdem auch hier ein kleiner Tipp: Nur aus frischen und unbeschädigten Früchten gewinnen Sie ein intensives Aroma.

Direkt, regional, gesund und erschwinglich – Wochenmärkte sind für alle Gartenlosen eine hervorragende Alternative. Und natürlich steht dank vielfältigem Angebot auch einem Einkauf im Handel nichts entgegen.

Und wenn Sie eine Obstsorte ganz besonders gerne mögen, können Sie sie während der Saison einfach einfrieren. Die wertvollen Inhaltsstoffe gehen dabei kaum verloren und Sie sind beim späteren Einmachen unabhängig von der Jahreszeit. Ausnahmen hierbei: Äpfel, Birnen und Weintrauben müssen sofort in ihrem idealen Reifezustand verarbeitet werden.

## Zucker ist nicht gleich Zucker

Erst Zucker macht Ihr Einmachgut lange haltbar, gelierfähig und natürlich lecker. Aber süß ist nicht gleich süß. Dank verschiedener Gelierzuckerarten ist die traditionelle Methode, Früchte und Haushaltszucker zu gleichen Teilen (also 1:1) einzukochen, überholt. Heute kommen wir mit verkürzter Einkochzeit und einer Reduzierung der Zuckermenge auf das Notwendigste zu optimalen Ergebnissen.

Grundsätzlich enthalten alle Gelierzuckerarten Zucker, Zitronensäure und Pektine als Geliermittel. Die Kochzeiten können variieren und sind auf der Verpackung angegeben.

## Spaß im Glas

Damit Sie sich später auch an getaner Arbeit erfreuen können, muss jedes Glas, das Sie füllen, vollkommen unbeschädigt und sterilisiert sein. Dasselbe gilt für die Deckel.

### Sterilisieren der Gläser und Deckel

Am zuverlässigsten hat sich die Methode bewährt, die leeren Gläser im Backofen bei 120 °C für 10 Minuten zu sterilisieren. Mit Wasser gefüllte Gläser können auch in der Mikrowelle einmal kurz aufgekocht werden. Eine alternative Methode ist das Ausspülen mit kochend heißem Wasser. Danach werden die Gläser im Backofen bei ca. 120 °C getrocknet.

Wichtig: Um ein Zerspringen des Glases zu vermeiden, müssen Sie das heiße Einkochgut sofort in die noch warmen Gläser füllen, zeitgleich sterilisieren Sie die Deckel in kochend heißem Wasser (entweder in einem Kochtopf oder in Ihrem Wasserkocher).

### Weck-Einmachgläser

Weck-Einmachgläser gibt es in verschiedenen Größen und Formen. Sie werden mit einem Glasdeckel verschlossen, zwischen Glas und Deckel liegt ein passender und sterilisierter Einmachgummi (im Idealfall verwenden Sie hier immer neue Gummis – auf keinen Fall beschädigte). Den Ersatz für kaputte Glasdeckel können Sie in allen Größen einzeln nachkaufen. Vor dem Einkochen der gefüllten Gläser wird der Deckel mit Metallklammern oder Metallbügeln befestigt. Heute werden Marmeladen, Konfitüren und Gelees meist nur noch der Schönheit wegen in Weck-Einmachgläsern eingekocht.

### Twist-off-Gläser mit Schraubdeckel

Die moderne Art, Vorräte zu horten: Grundsätzlich kann hier jedes unbeschädigte Glas mit dem passenden (natürlich ebenfalls unbeschädigten) Deckel verwendet werden. Ersatz für alte oder kaputte Deckel kann einzeln nachgekauft werden.

## Einmachgut – alles gut: Es ist vollbracht

Jetzt kommt der spannende Moment: Sitzen die Deckel fest auf dem Glas? Hintergrund: Beim Abkühlen bildet sich im Glas ein Unterdruck, der über die Haltbarkeit des Einmachgutes entscheidet. Falls der Deckel nicht hält, können Sie sich über einen spontanen Imbiss freuen. Wenn alles gut gegangen ist, sind Sie um einen Vorratsschatz reicher. Beim verschlossenen Twist-off-Glas wölbt sich der Deckel leicht nach unten und lässt sich nur noch schwer öffnen. Wölbt sich der Deckel jedoch leicht nach oben, können Sie mit einer leichten Drehbewegung prüfen, ob sich das Glas öffnen lässt. Grundsätzlich gilt: Ist ein Glas nicht gut verschlossen, sollten Sie den Inhalt sofort genießen.

### Die vier w: was, wann, wie, wo?

*Was* versteckt sich im Glas und *wann* wurde es hergestellt? Bei der Etikettierung sind Ihrer Fantasie und Ihrem Humor keine Grenzen gesetzt. Das Datum ist natürlich wichtig.

*Wie* und *wo?*

Der Kühlschrank ist optimal, aber nicht zwingend notwendig. Genauso reichen Keller, Abstellkammer oder eine Ecke im Schlafzimmerschrank – Hauptsache, kühl und dunkel!

### Vertrauen ist gut – Kontrolle ist besser

Ihre Vorräte können Sie, je nach Einmachart, maximal ein Jahr genießen. Deshalb ist es wenig sinnvoll, sich mit übergroßen Mengen einzudecken. Außerdem: Neues Jahr, neue Möglichkeiten und der Geschmack ist in den ersten Monaten ohnehin am besten: In diesem Zeitraum haben die eingekochten Früchte noch ihr volles Aroma und die schönsten Farben. Kontrollieren Sie regelmäßig das Herstellungsdatum und prüfen Sie dabei, ob das Glas noch dicht verschlossen ist. Und sollte doch mal etwas schiefgegangen sein oder Sie sind sich nicht sicher: im Zweifelsfall lieber entsorgen!

## Ihre Küchenhelfer

Fürs erste und gelegentliche Einkochen sind Sie vermutlich bereits bestens ausgestattet: Ein Kochtopf, ein Kochlöffel, ein Schneebesen, ein Sieb und (unverzichtbar) eine Waage – schon kann's losgehen. Nicht zu vergessen: der Blick auf die Uhr, denn das Einhalten der angegebenen Einkochzeit ist das A und O eines guten Ergebnisses.

Noch leichteres Gelingen versprechen weitere Küchenhelfer:

Obst oder Gemüse können Sie auch im **Backofen** einkochen. Hierbei müssen Sie darauf achten, dass alle Gläser gleich groß und mit demselben Einmachgut gefüllt sind. Stellen Sie die Gläser mit genügend Zwischenraum auf den Rost der untersten Stufe. Eine Tasse Wasser im Backofen verhindert das Brüchigwerden der Gummiringe. Einmachzeit und Einmachtemperatur können Sie der Bedienungsanleitung Ihres Elektro- oder Gasherdes entnehmen.

Ein **Einkochautomat** mit Einlegerost und Thermometer erleichtert das Einmachen von größeren Mengen.

Wenn Sie in einem großen Topf einkochen, ist ein **Einkochthermometer** unabdinglich.
Zeit und Temperatur sind genau nach Rezept einzuhalten.

Mit einem **Glasheber** vermeiden Sie Brandblasen beim Herausnehmen der heißen Gläser. Wichtig ist hier das genaue Timing: Entnehmen Sie die Gläser sofort nach Ablauf der vorgegebenen Zeit, um ein Nachgaren zu vermeiden.

Wenn Säfte im Kochtopf hergestellt werden, ist ein **Saft- oder Passiertuch** unbedingt erforderlich: 1 bis 2 kg Früchte mit ca. $^1/_2$ l Wasser in einen Topf geben und so lange kochen, bis alle Früchte weich zerfallen. Danach ein großes Sieb mit dem Saft- oder Passiertuch (oder einem nicht zu dicht gewebten Küchentuch) auslegen, auf eine passend große Schüssel stellen und das Kochgut hineingießen. Jetzt darf der Saft eine gute Stunde abtropfen. Bitte nicht ausdrücken, sonst wird das Gelee trüb. Um den gewonnenen Fruchtsaft zur späteren Weiterverarbeitung haltbar zu machen, muss er (ohne Zucker) kochend heiß in sterilisierte Flaschen abgefüllt werden. Dieselbe Vorgehensweise gilt auch für die Herstellung des Fruchtsaftes im Dampfentsafter.

Die Anschaffung eines **Dampfentsafters** ist nur sinnvoll, wenn Sie regelmäßig größere Mengen an Fruchtsäften herstellen. Die Fruchtsäfte können zu einem späteren Zeitpunkt zu Sirup, Gelee oder Konfekt weiterverarbeitet werden.

**Einfülltrichter** verhelfen Ihnen beim Einfüllen zu sauberen Glasrändern.

**Entsteiner** ermöglichen schnelles Entsteinen von Kirschen oder Zwetschgen. Eine gute und günstige Alternative ist immer noch ein Küchenmesser.

Die **Flotte Lotte** ist ein tolles Passiergerät, mit dem Sie Obst und Gemüse von Haut und Kernen trennen können. Mühsamer und aufwendiger ist das Streichen durch ein Sieb mit einem Gummischaber.

Die Investition in einen **Pürierstab** (auch Zauberstab genannt) lohnt sich auf jeden Fall. Mit seiner Hilfe kriegen Sie alles klein. Über die Konsistenz des Endproduktes entscheidet Ihre Ausdauer.

# Obst aus unserem Garten

* Marmelade, Konfitüre, Gelee ab Seite 18
* Obst-Spezialitäten ab Seite 60

*Orangegelb, süß, mild und saftig bietet die Aprikose in sämtlichen Variationen Genuss für alle Sinne. Lange Zeit wurde ihr sogar eine aphrodisierende Wirkung nachgesagt.*

# Aprikosen-Konfitüre

- *1 kg reife Aprikosen netto*
- *500 g Gelierzucker 2:1*
- *Saft einer unbehandelten Zitrone*
- *2 TL Bourbon-Vanillezucker*
- *3 EL Marillenlikör*

Aprikosen waschen, entkernen und klein schneiden.

Mit Gelierzucker und Zitronensaft in den Topf geben, in dem die Konfitüre danach gekocht wird. Ein paar Stunden oder besser noch über Nacht durchziehen lassen.

Anschließend 4 Minuten unter ständigem Rühren kochen.

Kurz vor dem Ablauf der Kochzeit den Vanillezucker und den Marillenlikör einrühren. Noch einmal aufkochen und anschließend mit dem Zauberstab fein pürieren.

Sofort heiß in die vorbereiteten Gläser abfüllen und gut verschließen.

**Varianten**

Mit 900 g frischen Aprikosen und 100 g getrockneten, klein geschnittenen Aprikosen lässt sich das oben stehende Rezept zu einer Konfitüre mit besonders intensivem Aprikosenaroma abwandeln.

Eine weitere Variante, das Aprikosenaroma zu intensivieren: 15 Aprikosenkerne mit dem Nussknacker öffnen, die Innenkerne 1 Minute in Wasser kochen und abseihen. In einem Tee-Ei über Nacht mitziehen lassen. Am nächsten Tag die Kerne mitkochen und das Tee-Ei vor dem Pürieren entnehmen.

Das klassische Rezept lässt sich nicht nur optisch, sondern auch geschmacklich durch eine Handvoll abgezupfter Holunderblüten zu einer weiteren Köstlichkeit zaubern – einfach vor dem Abfüllen einrühren. Durch die Beigabe von Holunderblüten verkürzt sich allerdings die Haltbarkeit.

*Blumen essen? Überhaupt nichts Neues, nur eine Zeit lang in Vergessenheit geraten! In die Blüten aus meinem Rezept dürfen Sie bedenkenlos beißen – weitere essbare Sorten verraten Ihnen zuverlässige Literatur oder das Internet.*

# Blüten-Gelee

* 1 l Grapefruit- oder Orangendirektsaft (frisch gepresst oder aus dem Handel)
* 500 g Gelierzucker 2:1
* 2 cl Limoncello oder Orangen-Likör
* 15 Kapuzinerkresse-Blüten

*wahlweise*

* 1 EL Borretsch-, Gänseblümchen-, Holunder-Blüten oder Veilchen

- Blüten Ihrer Wahl waschen und auf einem Küchenpapier abtropfen lassen.

- Saft mit Gelierzucker in einen Topf geben und unter ständigem Rühren 4 Minuten kochen lassen.

- Kurz vor Ende der Kochzeit den Limoncello oder Orangen-Likör einrühren.

- Den Topf vom Herd nehmen, 1/4 des Kochgutes in die vorbereiteten Gläser geben und etwa 5 Minuten abkühlen lassen. Ein paar Blüten auf das Gelee legen und wieder 1/4 des noch einmal aufgekochten Kochgutes daraufgeben. Wieder 5 Minuten abkühlen lassen und noch einmal mit Blüten belegen. So oft wiederholen, bis das Glas randvoll ist.

- Die Gläser gut verschließen, umdrehen und etwa 5 Minuten auf den Deckeln stehen lassen. Die Gläser während des Erkaltens immer wieder schütteln, damit sich die Blüten gut verteilen.

**Tipps**

> Durch Zugabe der Blüten verkürzt sich die Haltbarkeit.

> Die Blüten müssen ungespritzt sein!

> Eine Alternative zum Selbstpflücken ist natürlich jedes gute Obst- und Gemüsegeschäft (die Blüten müssen Sie hier wahrscheinlich vorbestellen).

**Tipps**

> Kalt gerührte Konfitüren und Marmeladen haben nur eine kurze Haltbarkeit und müssen unbedingt im Kühlschrank aufbewahrt werden. Angebrochene Gläser sollten Sie baldmöglichst verbrauchen. Am besten kleine Gläser verwenden.

> Probieren Sie die Konfitüre zum Beispiel als Füllung von Linzer-Schnitten oder Weihnachtsplätzchen.

# Brombeer-Birnen-Marmelade

- Brombeeren waschen, Birnen schälen, das Kerngehäuse entfernen und würfeln.
- Früchte mit Gelierzucker und Zitronensaft in einen Topf geben, rühren und nach Packungsanweisung kochen.
- Kurz vor dem Ablauf der Kochzeit den Schnaps einrühren und noch einmal kurz aufkochen.
- Vom Herd nehmen und mit dem Zauberstab pürieren.
- Sofort heiß in vorbereitete Gläser füllen und gut verschließen.

*✱ 500 g Brombeeren netto*

*✱ 500 g Birnen netto (wenn möglich Williams)*

*✱ Saft einer unbehandelten Zitrone*

*✱ 1 kg Gelierzucker*

*zum Verfeinern*

*✱ 3 EL Williams-Schnaps*

***Etwas Besonderes für die Herbst- und Adventszeit ist die folgende Brombeer-Konfitüre (kalt gerührt):***

- Brombeeren mit Lebkuchengewürz, Zitronensaft und Gelierzucker vermischen und etwas zerdrücken. Zugedeckt über Nacht ziehen lassen.
- Danach Agar-Agar und Vanillezucker hinzugeben und mit dem Handrührgerät oder der Küchenmaschine mindestens 15 Minuten rühren, bis eine cremige Konsistenz entsteht. Abschmecken, eventuell mit Lebkuchengewürz und Vanillezucker nachwürzen.
- Die fertige Konfitüre in vorbereitete Gläser füllen, gut verschließen und im Kühlschrank aufbewahren.

Brombeer-Konfitüre

*✱ 1 kg Brombeeren (frisch oder aufgetaut) netto*

*✱ 2 TL Lebkuchengewürz*

*✱ Saft einer unbehandelten Zitrone*

*✱ 500 g Gelierzucker 2:1*

*✱ 2 TL Agar-Agar*

*✱ 2 Päckchen Bourbon-Vanillezucker*

*Meinen Erdbeer-Jahresvorrat pflücke ich auf einem Bioland-Feld. Dabei achte ich darauf, dass davor ein paar Tage die Sonne geschienen hat – dann sind die Früchte besonders aromatisch. Nach ein paar Regentagen schmecken sie hingegen sehr wässerig. Um meinen Mann, der ein großer Fan von Erdbeermarmelade ist, zu verwöhnen, friere ich mehrere 1-kg-Beutel Erdbeeren ein, um immer wieder frische Marmelade zubereiten zu können.*

# Erdbeer-Konfitüre

- 1 kg Erdbeeren netto
- Saft einer unbehandelten Zitrone
- 500 g Gelierzucker 2:1
- 1 Päckchen Bourbon-Vanillezucker

- Die vorbereiteten Erdbeeren mit dem Zitronensaft und dem Gelierzucker in einen Kochtopf geben, vermischen und 2 bis 3 Stunden ziehen lassen.
- Danach 4 Minuten unter mehrmaligem Rühren kochen lassen.
- Kurz vor dem Ablauf der Kochzeit den Vanillezucker dazugeben.
- Noch heiß in die vorbereiteten Gläser füllen und gut verschließen.

***Eine raffinierte, französische Variante – die Zubereitung erscheint aufwendig, der Goût ist genial! Bon appétit!***

Erdbeer-Konfitüre à la française

- 1 kg schöne, reife Erdbeeren netto
- Saft einer unbehandelten Zitrone
- 750 g Zucker

- Erdbeeren waschen, Stiel und Stielansatz entfernen und halbieren.
- Die Früchte zusammen mit Zitronensaft und Zucker in einen Kochtopf geben, verrühren und ungefähr 12 Stunden ziehen lassen.
- Danach einmal aufkochen und weitere 12 Stunden stehen lassen.
- Ein Sieb mit einem feuchten Tuch auslegen, die Früchte hineingießen und mehrere Stunden abtropfen lassen.
- Den Sirup zum Kochen bringen und 8 bis 10 Minuten unter ständigem Rühren kochen, bis er nicht mehr schäumt.
- Die Beeren dazugeben und weitere 5 Minuten kochen bis die Konfitüre geliert.
- Noch heiß in vorbereitete Gläser einfüllen und gut verschließen.

# Erdbeer-Rhabarber-Marmelade

- *500 g Rhabarber netto*
- *500 g Erdbeeren netto*
- *500 g Gelierzucker 2:1*
- *Saft einer unbehandelten Zitrone*
- *2 Päckchen Bourbon-Vanillezucker*

Da Oxalsäure im Rhabarber den Geliervorgang hemmt, muss er zuerst geschält und klein geschnitten 3 bis 4 Minuten in etwas Wasser vorgekocht werden. Danach wird er abgeseiht und zu den vorbereiteten Erdbeeren gegeben.

Mit Zucker und Zitronensaft verrühren und für ein paar Stunden stehen lassen.

Die Marmelade 4 Minuten unter mehrmaligem Rühren kochen. Kurz vor dem Ablauf der Kochzeit den Vanillezucker einrühren.

Ein weiteres Mal aufkochen, noch heiß in die vorbereiteten Gläser füllen und gut verschließen.

### Beschwipste Variante

Beschwipste Variante

- *500 g Erdbeeren netto*
- *400 g Rhabarber netto*
- *100 ml trockenen Weißwein*
- *2 Päckchen Bourbon-Vanillezucker*
- *1 Messerspitze Kardamom*
- *500 g Gelierzucker 2:1*
- *Saft einer unbehandelten Zitrone*

Die vorbereiteten Erdbeeren und den geschälten, in Stücke geschnittenen Rhabarber mit Weißwein, Zitronensaft, Vanillezucker und Kardamom in einen Topf geben und 5 Minuten unter mehrmaligem Rühren köcheln lassen.

Vom Herd nehmen, den Gelierzucker unterrühren und für 3 bis 4 Stunden (besser noch über Nacht) stehen lassen.

Danach 4 bis 5 Minuten unter mehrmaligem Rühren sprudelnd kochen lassen. Noch heiß in die vorbereiteten Gläser füllen, gut verschließen.

*Verschiedene Marmelade-Sorten in einem Glas sind ein Gaumen- und Augenschmaus! Die besondere Wirkung ergibt sich aus den verschiedenen Farben der Marmeladen, die Sie aus Früchten Ihrer Wahl herstellen und kombinieren können.*

# Farbspiel-Marmelade

- Erdbeeren waschen und klein schneiden. Mit Gelierzucker und Zitronensaft in einen Topf geben und 4 Minuten unter mehrmaligem Rühren kochen lassen.
- Kurz vor dem Ablauf der Kochzeit den Vanillezucker einrühren.
- Die Marmelade mit dem Zauberstab pürieren.
- Je zu einem Viertel in die vorbereiteten Gläser heiß einfüllen. Erkalten lassen.
- In der Zwischenzeit zuerst die Aprikosen-Marmelade, dann die Heidelbeer-Marmelade und zum Schluss die Himbeer-Marmelade auf die gleiche Weise wie die oben beschriebene Erdbeer-Marmelade herstellen. Heidelbeeren und Himbeeren müssen nicht zerkleinert und püriert werden.
- In oben genannter Reihenfolge die jeweilige Marmelade zu einem Viertel auf die vorherige, abgekühlte Marmelade gießen.
- Mit der letzten Schicht Himbeer-Marmelade das Glas ganz füllen und sofort gut verschließen.

*500 g Erdbeeren netto*
*250 g Gelierzucker 2:1*
*Saft einer halben unbehandelten Zitrone*
*1 Päckchen Bourbon-Vanillezucker*

*500 g Aprikosen netto*
*250 g Gelierzucker 2:1*
*Saft einer halben unbehandelten Zitrone*
*1 Päckchen Bourbon-Vanillezucker*

*500 g Heidelbeeren*
*250 g Gelierzucker 2:1*
*Saft einer halben unbehandelten Zitrone*
*1 Päckchen Bourbon-Vanillezucker*

*500 g Himbeeren netto*
*250 g Gelierzucker 2:1*
*Saft einer halben unbehandelten Zitrone*
*1 Päckchen Bourbon-Vanillezucker*

*Seit unserer Kindheit begleitet uns das Gänseblümchen als erster Frühlingsbote. Für die Mami als Sträußchen, für kleine Mädchen als Halskette oder Kranz … und jetzt für Sie als Comeback im Glas.*

# Gänseblümchen-Gelee

* 2 Handvoll Gänseblümchen-Blüten
* 900 ml Wasser
* 50 ml Zitronensaft
* 50 ml Holunderblütensirup
* 1 kg Gelierzucker
* 2 cl Limoncello

Die Gänseblümchen an einem Platz ernten, an dem keine Spritz- und Düngemittel verwendet wurden. Ich nehme sie nur aus meinem eigenen Garten. Die Gänseblümchen waschen und auf einem Küchenpapier trocknen lassen.

Wasser mit Zitronensaft, Holunderblüten-Sirup und Gelierzucker in einen Topf geben und unter mehrmaligem Rühren 4 Minuten kochen lassen.

Kurz vor dem Ablauf der Kochzeit den Limoncello und die vorbereiteten Gänseblümchen einrühren.

Sofort heiß in die vorbereiteten Gläser füllen und gut verschließen. Die Gläser auf den Kopf stellen und während des Erkaltens immer wieder drehen, so dass sich die Gänseblümchen verteilen.

**Tipps**

> Durch die Gänseblümchen verkürzt sich die Haltbarkeit. Bitte baldmöglichst verzehren.

> Originell als Mitbringsel oder als Idee fürs Brunch-Buffet, geschmückt mit Gänseblümchensträußchen und passenden Servietten.

> Bei der Zubereitung als Gag für den Kindergeburtstag wird selbstverständlich auf den Limoncello verzichtet.

*Für mich ist die Himbeere die Krönung aller bei uns gewachsenen Beeren. Himbeeren lassen sich wunderbar mit anderen Fruchtsorten mischen. Sie verstärken Aroma und Farbe, sind aber auch pur zubereitet unverwechselbar gut.*

# Himbeer-Konfitüre

- Himbeeren verlesen, in ein Sieb geben und nur kurz unter fließend kaltem Wasser waschen.
- Etwas abtropfen lassen und durch die Flotte Lotte passieren, um die Kerne zu entfernen.
- 1 kg Fruchtmus abwiegen und mit dem Gelierzucker unter mehrmaligem Rühren 4 Minuten kochen.
- Noch heiß in die vorbereiteten Gläser füllen und gut verschließen.

*✱ ca. 1,250 kg Himbeeren*

*✱ 500 g Gelierzucker 2:1*

## Himbeer-Konfitüre mit Geist

- Himbeeren mit Gelierzucker und Zitronensaft in einen Kochtopf geben, vermischen und über Nacht stehen lassen.
- Am nächsten Tag die Konfitüre 4 Minuten unter mehrmaligem Rühren kochen
- Kurz vor Ablauf der Kochzeit den Himbeergeist einrühren.
- Noch heiß in die vorbereiteten Gläser füllen, gut verschließen.

Himbeer-Konfitüre mit Geist

*✱ 1 kg verlesene, gewaschene, abgetropfte Himbeeren netto*

*✱ 1 kg Gelierzucker oder 500 g Gelierzucker 2:1*

*✱ Saft einer unbehandelten Zitrone*

*✱ 2 cl Himbeergeist*

**Tipps**

> Blickfang: Einige frisch abgezupfte Blüten vor dem heißen Abfüllen ins Gelee rühren. Nicht vergessen: Dadurch verkürzt sich die Haltbarkeit des Gelees.

> Frische Holunderblüten-Dolden lassen sich, in Pfannkuchen-Teig getaucht und heißem Frittierfett ausgebacken, zu erstklassig schmeckenden »Holler-Kiachla« backen.

# Holunderblüten-Gelee

- Orangen- und Zitronensaft abmessen. Flüssigkeit auf die Gesamtmenge von einem Liter mit Wasser ergänzen.
- Zusammen mit den Holunderblüten-Dolden in einen Kochtopf geben und über Nacht stehen lassen.
- Danach durch ein Sieb oder Tuch in einen Topf abgießen und zusammen mit dem Gelierzucker 4 Minuten unter mehrmaligem Rühren kochen.
- Noch heiß in die vorbereiteten Gläser füllen und gut verschließen.

*✱ Saft von zwei Orangen*
*✱ Saft von zwei Zitronen*
*✱ Wasser*
*✱ 10 Holunderblüten-Dolden*
*✱ 500 g Gelierzucker 2:1*

**Varianten**

- Gewaschene Holunderblüten-Dolden mit Apfelsaft in eine Schüssel geben, über Nacht mit einem Tuch abgedeckt an einem kühlen Ort ziehen lassen.
- Danach abseihen und mit Zitronensaft und Gelierzucker 4 Minuten unter mehrmaligem Rühren kochen.
- Noch heiß in die vorbereiteten Gläser füllen und gut verschließen.
- In einer weiteren Variante können Sie nach der gleichen Herstellungsweise den Apfelsaft durch einen Liter Orangendirektsaft oder ½ l Zitronensaft mit ½ l Orangensaft ersetzen.

*✱ 10 Holunderblüten-Dolden*
*✱ 1 l Apfelsaft*
*✱ Saft einer unbehandelten Zitrone*
*✱ 500 g Gelierzucker 2:1*

*Honig – jahrtausendelang bekannt als Nahrungs- und Genussmittel für Schönheit und Gesundheit. Ein wunderbarer Spielgefährte: die geheimnisvolle Duft- und Aromapflanze Vanille – eine Orchideenart ursprünglich aus Mexiko, die sich zunehmend in unserer heimischen Kochkultur eingebürgert hat.*

# Honig-Vanille-Gelee

- Vanillestangen aufschlitzen und in 3/8 l Wasser einmal aufkochen. Vom Herd nehmen und 15 Minuten ziehen lassen.
- Das Vanillemark herausschaben und in das duftende Vanillewasser geben. Die verbleibenden Schalen werden nicht mit verwendet.
- Das Vanillewasser mit Honig und Gelierzucker unter ständigem Rühren 5 Minuten kochen lassen.
- Das Gelee noch heiß in die vorbereiteten Gläser füllen und gut verschließen.

*✱ 2 Vanillestangen*
*✱ 3/8 l Wasser*
*✱ 250 g reiner Bienenhonig*
*✱ 750 g Gelierzucker*

**Tipp** > Diesen besonders feinen Brotaufstrich können Sie auch zum Süßen und Verfeinern von Tee verwenden.

*Oft fällt die Johannisbeer-Ernte überreichlich aus. Zur raschen und einfachen Konservierung bieten sich mehrere Möglichkeiten an. Die Beeren können, gewaschen und abgezupft, sofort portionsweise eingefroren werden. Besonders vielseitig ist Johannisbeersaft, der durch Dampfentsaftung ohne Zucker hergestellt wurde. Aus diesem Saft lassen sich später Sirup, Gelee oder, kombiniert mit den verschiedensten Früchten, feine Marmelade zubereiten.*

# Johannisbeer-Kirsch-Marmelade

- Sauerkirschen entstielen, entkernen und vierteln.

- Mit Johannisbeersaft, Zucker und Agar-Agar in einen Topf geben, unter mehrmaligem Rühren aufkochen und 5 Minuten unter ständigem Rühren weiterkochen.

- Noch heiß in die vorbereiteten Gläser füllen und gut verschließen.

*✱ 500 g Sauerkirschen netto*

*✱ 500 ml Johannisbeersaft*

*✱ 500 g Zucker*

*✱ 2 TL Agar-Agar*

Tipp > Alle Johannisbeersorten sowie sämtliche Kirschsorten lassen sich selbstverständlich auch zu klassischer Konfitüre verarbeiten.

**Tipps**

- Passt sehr gut ins Müsli, zum Süßen von Tees, als Brotaufstrich oder ist, mit Wasser verdünnt, ein hervorragendes Vital-Getränk zum Start in den Tag.
- Wenige junge, vor der Blüte gesammelte, Löwenzahnblätter können auch in verschiedene Salate gemischt werden.
- Natürlich müssen Sie auf eine saubere Sammelstelle achten.

# Löwenzahnblüten-Gelee

- Blütenkörbchen teilen, Blütenblättchen herauszupfen und 150 g davon abwiegen.
- In 3/4 l Wasser aufkochen, durch ein Tuch oder Sieb abgießen und ein paar Stunden abtropfen lassen.
- Den kalten Saft mit Gelierzucker und Zitronensaft 4 Minuten unter mehrmaligem Rühren sprudelnd kochen.
- Gelee noch heiß in vorbereitete Gläser füllen, gut verschließen.

*✱ 150 g Löwenzahnblütenblättchen ohne Hüllblätter*
*✱ 3/4 l Wasser*
*✱ 1 kg Gelierzucker*
*✱ Saft einer unbehandelten Zitrone*

**Löwenzahnblüten-Sirup: Blutreinigend, entwässernd, den Stoffwechsel anregend, die Leber stärkend ... Löwenzahn kann Wunder wirken.**

- Blütenblättchen mit dem Wasser übergießen und über Nacht zugedeckt ziehen lassen.
- Danach 15 Minuten unter mehrmaligem Rühren sprudelnd kochen, abseihen und abtropfen lassen.
- Zucker und Zitronensaft zur Flüssigkeit geben, unter mehrmaligem Umrühren bei mäßiger Hitze zu Sirup einkochen.
- Noch heiß in vorbereitete kleine Flaschen füllen und gut verschließen.

Löwenzahnblüten-Sirup

*✱ 2 Handvoll Löwenzahnblütenblättchen ohne Hüllblätter*
*✱ 3/4 l kaltes Wasser*
*✱ 750 g Zucker*
*✱ Saft einer unbehandelten Zitrone*

# Orangen-Marmelade

- Orangen schälen, enthäuten und in Würfel schneiden.
- Mit Zucker, Agar-Agar und Zitronensaft in einen Topf geben und unter mehrmaligem Rühren 4 Minuten sprudelnd kochen lassen.
- Kurz vor Ablauf der Kochzeit Cointreau oder Campari einrühren.
- Noch heiß in die vorbereiteten Gläser füllen und gut verschließen.

*
- 1 kg Orangenfilets netto
- 500 g Zucker
- 2 TL Agar-Agar
- Saft einer unbehandelten Zitrone
- 2 cl Cointreau oder Campari*

**Blutorangen-Gelee**

- Saft mit Gelierzucker in einen Topf geben und unter mehrmaligem Rühren 4 Minuten kochen lassen.
- Kurz vor Ablauf der Kochzeit Cointreau und Vanillezucker einrühren und noch einmal aufkochen.
- Noch heiß in die vorbereiteten Gläser füllen und gut verschließen.

Blutorangen-Gelee

- *1 l frisch gepresster Blutorangensaft oder Direktsaft*
- *500 g Gelierzucker 2:1*
- *3 EL Cointreau*
- *1 Päckchen Bourbon-Vanillezucker*

*Ausnahmsweise möchte ich Ihnen auch Früchte anbieten, die nicht bei uns, sondern in südländischen Obstgärten gewachsen sind. Dieses Blutorangen-Gelee passt besonders gut in den Winter. Selbstverständlich können Sie es auch aus guten, aromatischen Saftorangen herstellen.*

# Pfirsich-Himbeer-Marmelade

- *750 g Pfirsiche netto*
- *650 g Himbeeren netto*
- *100 ml Himbeersirup*
- *500 g Gelierzucker 3:1*
- *Saft einer unbehandelten Zitrone*
- *2 cl Pfirsichlikör*

Pfirsiche waschen, entsteinen und klein schneiden. Himbeeren kurz und vorsichtig unter fließendem Wasser in einem Sieb waschen.

Obst mit Himbeersirup, Gelierzucker und Zitronensaft in einen Topf geben und 4 Minuten unter mehrmaligem Rühren aufkochen.

Kurz vor Ablauf der Kochzeit Pfirsichlikör einrühren.

Noch heiß in die vorbereiteten Gläser füllen und gut verschließen.

**Tipps**

> Feinschmeckern empfehle ich die Verwendung von Weinbergpfirsichen.

> Sie können das Gelee auch mit Pfirsichsaft aus dem Handel herstellen.

## Pfirsich-Gelee

**Pfirsich-Gelee**

- *1 l Pfirsichsaft*
- *500 g Gelierzucker 2:1*
- *1 Vanillestange*
- *2 cl Pfirsichlikör*

Pfirsichsaft zusammen mit Gelierzucker, ausgekratztem Vanillemark und der Vanilleschote 4 Minuten unter mehrmaligem Rühren aufkochen.

Kurz vor Ablauf der Kochzeit den Pfirsichlikör einrühren und die Vanilleschote entfernen.

Noch heiß in die vorbereiteten Gläser füllen und gut verschließen.

# Rhabarber-Konfitüre in Apfelsaft

- Rhabarber waschen, wenn nötig schälen und in Stücke schneiden.
- Mit Apfelsaft, Zitronensaft und Gelierzucker in einen Topf geben und unter mehrmaligem Rühren 5 Minuten kochen lassen.
- Kurz vor Ablauf der Kochzeit den Vanillezucker einrühren.
- Noch heiß in die vorbereiteten Gläser füllen und gut verschließen.

* *500 g Rhabarber netto*
* *500 ml Apfelsaft*
* *Saft einer unbehandelten Zitrone*
* *500 g Gelierzucker 2:1*
* *1 Päckchen Bourbon-Vanillezucker*

**Tipps**

> Ein Schuss Zitrone nimmt dem Rhabarber etwas von seiner Säure.

> Da im Rhabarber Oxalsäure steckt, empfehle ich, ihn grundsätzlich vorab 3 Minuten in etwas Wasser zu blanchieren, abzugießen und erst dann zusammen mit Zucker und Früchten (je nach Rezept) weiterzuverarbeiten.

*Im Frühjahr läutet der Rhabarber die Einmachsaison ein. Wussten Sie, dass Rhabarber gar keine Frucht, sondern ein Gemüse ist? Er gehört zu den Knöterichgewächsen und ist mit Sauerampfer und Buchweizen verwandt. Lange Zeit wurde er in der Medizin eingesetzt und erst ab Mitte des 19. Jahrhunderts in die Speisepläne aufgenommen. Ganz jung schmeckt er am besten und ist am bekömmlichsten. Eine Bauernweisheit sagt, dass man ihn nur bis zum 24. Juni – dem Johannistag – ernten soll. Je älter die Pflanze wird, umso mehr Oxalsäure gelangt in den Stängel.*

# Rhabarber-Gelee

- Rhabarbersaft mit dem Dampfentsafter herstellen.
- 1 l abmessen, mit Gelierzucker und Zitronensaft in einen Topf geben und 4 Minuten unter mehrmaligem Rühren kochen.
- Noch heiß in die vorbereiteten Gläser füllen und gut verschließen.

** 1 l Rhabarbersaft*
** 500 g Gelierzucker 2:1*
** Saft einer unbehandelten Zitrone*

**Drei Varianten**

**Rhabarber-Apfel-Gelee**

- Hierfür verwenden Sie oben genanntes Rezept, jedoch mit 750 ml Rhabarbersaft und 250 ml Apfelsaft. Kurz vor Ablauf der Kochzeit 1 Päckchen Bourbon-Vanillezucker einrühren.

**Rhabarber-Orangen-Gelee**

- 500 ml Rhabarbersaft, 500 ml frisch gepressten Orangensaft und 1 Orange (in klein geschnittenen Filets) wie in oben stehendem Grundrezept zubereiten.

**Rhabarber-Vanille-Kompott**

- 500 g Rhabarber, 200 g Zucker, 1 Päckchen Bourbon-Vanillezucker und 1/2 Päckchen angerührtes Vanille-Puddingpulver: Der Rhabarber wird mit etwas Wasser, dem Zucker und dem Vanillezucker 5 bis 7 Minuten weich gekocht. Danach wird das angerührte Vanille-Pudding-Pulver dazugegeben und weitere 2 Minuten unter ständigem Rühren aufgekocht.

# Stachelbeer-Gelee

- Saft und Gelierzucker 5 Minuten unter mehrmaligem Rühren aufkochen.
- Kurz vor Ablauf der Kochzeit den Vanillezucker einrühren.
- Noch heiß in die vorbereiteten Gläser füllen und gut verschließen.

*✱ 1 l Saft von dampfentsafteten Stachelbeeren*
*✱ 1 kg Gelierzucker*
*✱ 2 Päckchen Bourbon-Vanillezucker*

**Variante mit Himbeer- und Orangengeschmack**

- Mit 750 ml Stachelbeersaft, 250 ml frisch gepresstem Orangensaft und 100 g Himbeeren (alternativ auch tiefgefroren) zaubern Sie aus oben genanntem Grundrezept eine raffinierte Version.

**Stachelbeer-Bitter-Lemon-Konfitüre mit Herzkirschen und Schuss**

- Stachelbeeren waschen, Stiel und Blütenansatz entfernen, 900 g davon abwiegen, Herzkirschen ebenfalls waschen und entsteinen.
- Die Beeren zusammen mit Bitter Lemon und Gelierzucker in einen Topf geben und unter mehrmaligem Rühren 4 Minuten kochen lassen.
- Kurz vor Ablauf der Kochzeit den Aperol einrühren.
- Den Topf vom Herd nehmen und das Ganze mit dem Zauberstab durchmixen.
- Noch heiß in die vorbereiteten Gläser füllen und gut verschließen.

Stachelbeer-Bitter-Lemon-Konfitüre

*✱ 900 g Stachelbeeren netto*
*✱ 100 g Herzkirschen netto*
*✱ 500 ml Bitter Lemon*
*✱ 500 g Gelierzucker 3:1*
*✱ 20 ml Aperol*

# Tannen-/ Fichtenspitzen-Gelee

- Tannen-/Fichtenspitzen waschen und gut abtropfen lassen. Mit dem Wasser in einen Topf geben, bei kleinster Hitze 1 Stunde köcheln und über Nacht durchziehen lassen.
- Danach durch ein Tuch oder Sieb ungefähr 2 Stunden abtropfen lassen. Die Flüssigkeit auffangen und mit dem Gelierzucker in einen Topf geben. Unter mehrmaligem Rühren 5 Minuten kochen.
- Noch heiß in die vorbereiten Gläser einfüllen und gut verschließen.

*500 g Tannen-/Fichtenspitzen*
*1 l Wasser*
*1 kg Gelierzucker*

**Tipp** > Dieses Gelee schmeckt fein als Brotaufstrich, in Desserts mit Joghurt, Quark, Sahne oder zum Süßen und Verfeinern von Früchte- und Kräutertees.

### Tannen-/Fichtenspitzen-Sirup

- Gewaschene Tannen-/Fichtenspitzentriebe gut abtropfen lassen. Mit dem Wasser in einen Topf geben. Einmal kräftig aufkochen und zugedeckt über Nacht stehen lassen.
- Danach abseihen, abtropfen lassen, Orangen- und Zitronensaft, Zucker und Vanillezucker dazugeben und bei mäßiger Hitze zu Sirup einkochen lassen.
- Noch heiß in vorbereitete Gläser füllen und gut verschließen.

**Tannen-/Fichtenspitzen-Sirup**

*50 g junge Tannen-/Fichtenspitzentriebe*
*1/2 l Wasser*
*1/2 l Orangensaft*
*Saft von zwei unbe handelten Zitronen*
*1 kg Zucker*
*2 Päckchen Bourbon-Vanillezucker*

# Weintrauben-Gelee

* 2 kg Weintrauben
* 1 kg Schwarze Johannisbeeren
* 500 ml trockenen Rotwein
* 500 g Zucker
* 2 TL Agar-Agar

Weintrauben ernten, waschen, abtropfen lassen und zusammen mit den aufgetauten Schwarzen Johannisbeeren im Dampfentsafter entsaften.

1 l Saft abmessen, mit 500 ml Rotwein, Zucker und Agar-Agar in einen Topf geben und unter mehrmaligem Rühren 4 Minuten sprudelnd kochen.

Noch heiß in die vorbereiteten Gläser abfüllen und gut verschließen.

**Tipp** > Da Weintrauben und Schwarze Johannisbeeren nicht zeitgleich erntereif sind, friere ich die schwarzen Johannisbeeren ein.

## Weißwein-Trauben-Konfitüre

**Weißwein-Trauben-Konfitüre**

* 1 bis 1,5 kg süße, kleine, weiße, kernlose Weintrauben
* 250 ml süßlicher Weißwein
* 300 g Zucker
* 2 TL Agar-Agar
* 2 cl Grappa

Die gewaschenen, abgezupften Trauben mit 1/8 l Wasser in einen Topf geben, 5 Minuten köcheln lassen und durch die Flotte Lotte passieren.

750 g Weintraubenmus abwiegen, zusammen mit Weißwein, Zucker und Agar-Agar in einem Topf 4 Minuten unter mehrmaligem Rühren kochen.

Kurz vor Ablauf der Kochzeit den Grappa einrühren.

Noch heiß in die vorbereiteten Gläser füllen und gut verschließen.

# Zitronen-Gelee mit Holunderblüten

* Saft und Schalen von drei unbehandelten Zitronen
* fertiger Zitronensaft zum Auffüllen auf 500 ml
* 5 Holunderblüten-Dolden
* 500 g Gelierzucker

Zitronen heiß abspülen, trocken reiben, die Schalen mit einem Sparschäler entfernen und in Stücke schneiden. Zitronen entsaften. Saft mit fertigem Zitronensaft auf 500 ml auffüllen.

Holunderblüten von den Stängeln schneiden und mit Zitronensaft, Gelierzucker, Zitronenschale in einen Topf geben. Über Nacht ziehen lassen.

Am nächsten Tag 4 Minuten unter ständigem Rühren kochen, Blüten und Zitronenschalen abseihen und eine weitere Minute kochen lassen. Noch heiß in die vorbereiteten Gläser einfüllen und gut verschließen.

## Zitronen-Pfefferminz-Gelee

**Zitronen-Pfefferminz-Gelee**

* 2 Handvoll frische Pfefferminzblätter
* 625 g Gelierzucker
* 3 unbehandelte Zitronen
* ½ l Wasser

Pfefferminzblätter gut waschen, trocken tupfen, grob schneiden und mit 125 g Zucker mischen.

Eine Zitrone mit dem Sparschäler schälen und die Schale für den nächsten Tag aufbewahren. Alle drei Zitronen auspressen und den Saft sowie die Fruchtfleischreste zur Pfefferminze geben. Mit ½ l kochend heißem Wasser übergießen, gut durchrühren und über Nacht stehen lassen. Am nächsten Tag abseihen und abtropfen lassen.

Die Zitronenschale kurz in etwas Wasser aufkochen, abseihen, abtropfen lassen und in feine Streifen schneiden. Den Pfefferminzsaft mit dem restlichen Gelierzucker und den Zitronenstreifen 4 Minuten unter ständigem Rühren kochen. Noch heiß in die vorbereiteten Gläser füllen und gut verschließen.

**Variante**
Dieses Rezept lässt sich auch sehr gut mit je einem Drittel Zwetschgen, Brombeeren und Holunderbeeren abwandeln. Mit einem Teelöffel gemahlenem Zimt und einem Teelöffel gemahlenen Nelken wird daraus ein Hauch weihnachtlicher Vorfreude.

# Zwetschgen-Konfitüre

* 1 kg Zwetschgen netto
* 1 kg Gelierzucker
* 3 cl Zwetschgenwasser

- Zwetschgen waschen, entkernen und in Stücke schneiden.
- Mit Gelierzucker in einen Topf geben, gut verrühren und über Nacht stehen lassen.
- Am nächsten Tag 4 Minuten unter ständigem Rühren kochen.
- Kurz vor Ablauf der Kochzeit das Zwetschgenwasser einrühren.
- Noch heiß in die vorbereiteten Gläser füllen und gut verschließen.

**Zwetschgen-Gelee mit Apfelsaft**

**Zwetschgen-Gelee mit Apfelsaft**

* 3 kg Zwetschgen
* 500 ml Apfelsaft
* 1 kg Gelierzucker
* 1 Bourbon-Vanillestange

- Zwetschgen waschen, entsteinen und im Dampfentsafter oder im Kochtopf mit 1/4 l Wasser entsaften.
- 1/2 l Zwetschgensaft abmessen und mit Apfelsaft und Gelierzucker in einen Topf geben.
- Die Vanillestange der Länge nach aufschneiden, das Mark herauskratzen und beides mit in den Topf geben.
- 4 Minuten unter ständigem Rühren sprudelnd kochen, dann die Vanillestange entnehmen.
- Das Gelee noch heiß in die vorbereiteten Gläser füllen und gut verschließen.

*Beim Einmachen sind fast alle Früchte gleich. Küchenfertig werden sie in die Gläser geschichtet, mit einer Zuckerlösung übergossen, sorgfältig verschlossen und in der Regel 30 Minuten bei 90 °C eingekocht. Die Zuckermenge in den Rezepten ist ein Richtwert, den Sie nach Geschmack bis auf null reduzieren können. Indem Sie den Zucker als Zuckerlösung zu den Früchten geben, vermeiden Sie Schimmelbildung durch pilz- oder sporenbehafteten Zucker. Ausnahme: Wildfrüchte müssen vor dem Einkochen vorgekocht werden.*

*Die Zubereitung der Zuckerlösung: Wasser und Zucker so lange aufkochen, bis sich der Zucker aufgelöst hat. Anschließend abkühlen lassen. Dosierung: ca. ¼ l Zuckerlösung pro 1-l-Weckglas.*

# Apfel-Kompott

- Äpfel waschen, schälen, entkernen und in dicke Scheiben schneiden.
- In einen Topf geben und sofort mit dem Zitronensaft beträufeln.
- Wasser und Zimt dazugeben und bei schwacher Hitze 10 bis 15 Minuten dünsten, bis die Äpfel beginnen zu zerfallen.
- Gegebenenfalls die Zimtstange entfernen, den Vanillezucker dazugeben und kurz mit dem Schneebesen durchrühren.
- Frisch servieren oder heiß in die vorbereiten Gläser füllen. Gut verschließen und kühl lagern.

*✱ 1 kg Äpfel netto*

*✱ 1/8 bis 1/4 l Wasser oder Apfelsaft*

*✱ Saft einer unbehandelten Zitrone*

*✱ 1 Zimtstange oder 1 TL gemahlener Zimt*

*✱ 2 Päckchen Bourbon Vanillezucker*

*✱ Zucker nach Bedarf*

**Tipps**

> Dieses Kompott lässt sich sehr gut mit der »Flotten Lotte« zubereiten. Die gewaschenen Äpfel werden geviertelt, danach wie im oben beschriebenen Rezept gekocht und anschließend durch die »Flotte Lotte« passiert.

> Zur Verfeinerung nach dem Kochen 25 g kandierten Ingwer (klein geschnitten) und 100 g Rosinen oder 100 g getrocknete, fein geschnittene Aprikosen hinzugeben

> Leicht beschwipst und spritzig wird das Grundrezept, wenn Sie das Wasser durch trockenen Weißwein ersetzen. 100 g ungeschwefelte Rosinen runden das Aroma perfekt ab.

> Grundsätzlich gilt: Überreife Früchte können Sie wunderbar zu Kompott verarbeiten, wobei sich die Zuckermenge erheblich reduzieren lässt.

# Aprikosen-Konfekt

- Aprikosen waschen, halbieren und entsteinen.
- Mit Zucker, Zitronensaft und Gelierfix in einen Topf geben und unter mehrmaligem Rühren ca. 5 Minuten köcheln lassen.
- Vom Herd nehmen und mit dem Zauberstab pürieren.
- Vanillezucker und Likör einrühren und noch einmal aufkochen lassen.
- Gleichmäßig ungefähr 2 cm hoch in eine flache Form gießen und über Nacht stehen lassen.
- Am nächsten Tag die Platte auf ein Brett stürzen und in gewünschte Stücke schneiden oder Formen ausstechen.
- Das Konfekt in Vanillezucker wenden.
- Das Konfekt auf einem Gitter im Backofen bei ca. 75 °C Umluft 7 bis 8 Stunden trocknen lassen, nach 3 bis 4 Stunden umdrehen.
- Nach Ablauf der Backzeit weitere 4 bis 5 Stunden im ausgeschalteten Ofen abkühlen lassen. In luftdichte Behälter schichten.

- *500 g Aprikosen netto*
- *500 g Zucker*
- *Saft einer unbehandelten Zitrone*
- *1 Päckchen Gelierfix 2:1*
- *3 Päckchen Bourbon-Vanillezucker*
- *30 cl Vanille- oder Aprikosen-Likör*
- *Vanillezucker zum Wenden*

**Tipp** > Werden die Fruchtsoßen in Weck-Einmachflaschen abgefüllt, müssen sie zusätzlich 30 Minuten bei 100 °C sterilisiert werden.

# Aprikosen-Soße

*ergibt ungefähr 500 ml*

- 500 g Aprikosen netto
- Saft einer unbehandelten Zitrone
- 175 g Zucker
- 4 bis 5 gemörserte Kardamom-Kapseln
- 2 cl Marillen-Likör

Aprikosen waschen, entsteinen und in Stücke schneiden.

Mit Zitronensaft und Zucker in einen Topf geben, gut durchrühren und abgedeckt über Nacht ziehen lassen.

Am nächsten Tag unter mehrmaligem Rühren ca. 10 Minuten köcheln lassen.

Kurz vor Ablauf der Kochzeit Kardamom und Marillen-Likör einrühren und noch einmal aufkochen.

Die Soße mit dem Zauberstab pürieren, noch heiß in die vorbereiten Flaschen oder Gläser füllen und gut verschließen.

**Johannisbeer-Soße weiß, rot oder schwarz**

Johannisbeer-Soße

*ergibt ungefähr 500 ml*

- 500 g Johannisbeeren (weiß, rot oder schwarz) netto
- 250 g Zucker

Johannisbeeren verlesen, von den Stielen streifen, kurz waschen und abtropfen lassen.

Johannisbeeren mit der Hälfte des Zuckers in einen Topf geben, umrühren und zugedeckt über Nacht stehen lassen.

Am nächsten Tag die Früchte durch ein Sieb oder die Flotte Lotte passieren.

Mit dem restlichen Zucker in einen Topf geben und unter mehrmaligem Rühren 8 bis 10 Minuten köcheln lassen.

Danach einmal aufkochen, noch heiß in die vorbereiteten Flaschen oder Gläser füllen und gut verschließen.

*Zu Süßspeisen, Desserts oder als Brotaufstrich – Rote Grütze ist vielseitig. In Kombination mit Sahne, Vanilleeis oder Tartufo ist sie eine Delikatesse, ebenso mit einem Schuss Likör oder Obstbrand (natürlich nur für Erwachsene).*

# Beeren-Dreierlei

*für ungefähr 10 Twist-off-Gläser mit jeweils 1/4 l Inhalt*

- *500 g Rote Johannisbeeren*
- *500 g Schwarze Johannisbeeren*
- *750 g Himbeeren*
- *oder wahlweise 500 g Himbeeren und 250 g Erdbeeren*
- *1/2 l Wasser*
- *375 g Zucker*

Beeren behutsam waschen und gut abtropfen lassen. Himbeeren verlesen und Johannisbeeren von den Stielen streifen. Alle Beeren hübsch in die vorbereiteten Twist-off-Gläser bis ca. 3 cm unter den Rand schichten.

Wasser und Zucker so lange kochen, bis der Zucker sich aufgelöst hat. Heiß über das Obst gießen, sodass es bedeckt ist. Die Gläser sofort gut verschließen und in einen passenden Topf oder in den Einkochtopf stellen. Diesen mit heißem Wasser bis auf 3/4 der Glashöhe füllen und 30 Minuten bei 90 °C sterilisieren.

Nach Ablauf der Kochzeit die Gläser sofort entnehmen, um ein Nachgaren zu verhindern.

***Aus dem Früchte-Dreierlei lässt sich auch eine vorzügliche Rote Grütze herstellen:***

Rote Grütze

- *500 g Beeren-Dreierlei*
- *100 ml Rotwein*
- *100 g Zucker*
- *1 Päckchen Vanille-Pudding-Pulver*

Beeren-Dreierlei, Rotwein und Zucker aufkochen. Das angerührte Pudding-Pulver einrühren, 2 bis 3 Minuten weiter rühren.

Um eine festere Konsistenz zu erreichen, kann das Beeren-Dreierlei mit Gelatine, Speisestärke oder Vanille-Pudding-Pulver eingedickt werden. Bitte Packungsbeilage genau beachten.

# Fruchtsaft-Gelee

* 500 ml ungesüßter roter oder schwarzer Johannisbeer- oder Himbeersaft
* 500 g Gelierzucker 2:1

- Beerensaft mit Gelierzucker in einen Topf geben und 8 bis 10 Minuten unter mehrmaligem Rühren kochen.
- In der Zwischenzeit einen Tortenring um eine Kuchen- oder Tarteform spannen.
- Das Gelee nach Ablauf der Kochzeit in die Form gießen und über Nacht kalt stellen.
- Danach die gewünschten Formen ausstechen oder -schneiden.
- Vorsichtig aus der Form nehmen und losdekorieren.

**Tipps**

> Zum Verschönern von Kuchen, Torten, Torteletts und Desserts.

> Für das Gelee können Sie (je nach Farbwunsch) jeden Fruchtsaft (ohne Zucker) verwenden.

> Mit den Überbleibseln vom Ausstechen/Ausschneiden können Sie Joghurt, Quark oder Sahnedesserts optisch und geschmacklich aufpeppen.

> Auch als Zwischenbelag für Tortenböden oder Kuchen eignet es sich vorzüglich.

*Mystischer Beschützer, Heilpflanze, Vitaminlieferant – mit seinen vielseitigen Eigenschaften begleitet der Holunderstrauch die Menschen schon seit Jahrhunderten. In Notzeiten gab es zu seinen Beeren kaum Alternativen – vielleicht sind sie gerade deshalb etwas verkannte Genies. Mit raffinierten Zugaben mausern sie sich jedoch zu verlockenden Köstlichkeiten. Wegen der Brüchigkeit seiner Zweige wird der Schwarze Holunder auch Holder genannt (Holder ist das Brechholz).*

# Holder-Mus mit Birnen

- *500 g Holunderbeeren netto*
- *500 g Birnen netto*
- *100 ml Wasser*
- *250 g Zucker*
- *Schale und Saft einer unbehandelten Zitrone*
- *1 Zimtstange oder 1 TL gemahlener Zimt*
- *½ Päckchen Vanille- oder Mandelpuddingpulver*

- Holunderbeeren-Dolden waschen und gut abtropfen lassen.
- Beeren abzupfen, mit dem Zucker und dem Wasser in einem großen Topf zum Kochen bringen und 10 Minuten köcheln lassen.
- In der Zwischenzeit Zitronenschale abreiben und Zitronensaft auspressen. Birnen halbieren, schälen, entkernen und in kleine Stücke schneiden. Sofort mit dem Zitronensaft beträufeln.
- Birnenstücke mit Zitronenschale und Zimtstange zu den gekochten Holunderbeeren geben. 3 bis 4 Minuten unter ständigem Rühren kochen.
- Puddingpulver in ein wenig Wasser anrühren und kurz vor Ablauf der Kochzeit einrühren.
- Eine weitere Minute unter ständigem Rühren aufkochen.
- Das Mus heiß servieren oder sofort in vorbereitete Gläser füllen. Gut verschließen und kühl lagern.

**Bitte beachten:** Durch das Puddingpulver reduziert sich die Haltbarkeit, deshalb möglichst bald verzehren.

**Varianten**

- Sie können die Birnen auch durch Äpfel, Zwetschgen oder Brombeeren ersetzen.
- Statt Wasser können Sie auch Apfel- oder Birnensaft verwenden.

*Röster und Powidl sind österreichische Spezialitäten, die zwischen Kompott und Mus eingeordnet werden können. Röster werden mit etwas Zucker, verschiedenen Gewürzen oder Bränden verfeinert, sind aber durch den reduzierten Zuckergehalt nur begrenzt haltbar. Im Powidl können Sie die reine Fruchtsüße genießen. Dafür werden die Früchte ohne Zusatz von Zucker so lange gekocht, bis die Flüssigkeit fast vollständig verdampft ist.*

# Kirsch-Röster

* 1 kg Süßkirschen netto
* 250 g Einmachzucker
* 50 g Orangenzucker
* 150 ml Rotwein
* 2 cl Kirschwasser

- Kirschen waschen, entsteinen und abwiegen.
- Einmachzucker, Orangenzucker und Rotwein in einem Topf erhitzen.
- Die Kirschen in den Sud geben und unter mehrmaligem Umrühren bei schwacher Hitze ca. 10 bis 15 Minuten köcheln lassen, bis die Kirschen zerfallen.
- Kurz vor Ablauf der Kochzeit das Kirschwasser einrühren, den Topf vom Herd nehmen und die Hälfte der Masse mit dem Zauberstab pürieren.
- Noch einmal zusammen mit dem nicht pürierten Kirsch-Röster kurz aufkochen, sofort heiß in die vorbereiteten Gläser füllen. Gut verschließen.

## Zwetschgen-Powidl

Zwetschgen-Powidl

* 1 kg reife Zwetschgen netto
* 125 ml Wasser
* 1 Zimtstange

- Zwetschgen waschen, halbieren und entsteinen.
- Mit Wasser und Zimtstange in einen Topf geben und bei schwacher Hitze 30 Minuten zugedeckt dünsten. Immer wieder umrühren.
- Danach den Powidl ohne Deckel weitere 30 Minuten unter häufigem Rühren einkochen, bis die Flüssigkeit fast vollständig verdampft ist.

**Tipps**

- Viele Fruchtsorten wie zum Beispiel Kirschen, Zwetschgen oder Aprikosen können auf dieselbe Weise eingekocht werden. Die Früchte müssen nicht unbedingt entsteint werden.
- Eine leckere Ergänzung zu Süßspeisen wie Milchreis, Grießschnitten, Pfannkuchen oder Dampfnudeln.

# Mirabellen-Kompott

- 500 g Mirabellen netto
- 2 EL Zucker
- 100 ml Riesling
- 50 g Gelierzucker
- Saft einer unbehandelten Zitrone
- 100 ml Orangensaft
- 1 Päckchen Bourbon-Vanillezucker
- 2 cl Orangenlikör

Mirabellen gut waschen, entsteinen und abtropfen lassen.

Zucker kurz in einem Topf karamellisieren, mit Riesling ablöschen und so lange kochen, bis sich der Zucker vollständig aufgelöst hat.

Mirabellen, Gelierzucker, Zitronen- und Orangensaft dazugeben.

3 Minuten unter ständigem Rühren aufkochen, Vanillezucker und Orangenlikör kurz vor Ablauf der Kochzeit einrühren.

Noch heiß in die vorbereiteten Gläser abfüllen und gut verschließen.

## Eingekochte Mirabellen

Eingekochte Mirabellen

- 3 kg nicht zu reife Mirabellen
- Zuckerlösung: 300 g Zucker auf 1 l Wasser

Für die Zuckerlösung Zucker und Wasser in einen Topf geben und so lange unter ständigem Rühren erhitzen, bis sich der Zucker vollständig aufgelöst hat. Abkühlen lassen!

Mirabellen waschen und entstielen. In einem Sieb kurz in kochend heißes Wasser tauchen, um die wachshaltige Schicht auf der Fruchthaut zu entfernen.

Mirabellen in die vorbereiteten Weck-Einmachgläser bis ca. 4 cm unter den Glasrand füllen und mit der erkalteten Zuckerlösung bedecken.

Gläser mit Gummi und Klammern vorschriftsmäßig verschließen und 30 Minuten bei 90 °C sterilisieren.

# Obst im Glas

*für ungefähr 10 Gläser mit jeweils $^{1}/_{4}$ l Inhalt*

- *1,5 kg gemischte Früchte netto (z. B. Pfirsich, Aprikosen, Kirschen, Stachelbeeren, Mirabellen)*
- *$^{3}/_{8}$ l Wasser*
- *250 g Gelierzucker*

- Früchte waschen, wenn nötig, entsteinen und schälen. Gut abtropfen lassen und in mundgerechte Stücke schneiden.
- Hübsch in die vorbereiteten Gläser bis ca. 3 cm unter den Rand schichten.
- Wasser und Gelierzucker so lange kochen, bis der Zucker sich aufgelöst hat. Heiß über das Obst gießen, bis es gut bedeckt ist.
- Die Gläser sofort sorgfältig verschließen und in einen passenden Topf stellen. Mit heißem Wasser bis $^{3}/_{4}$ Höhe der Gläser auffüllen und 30 Minuten bei 90 °C sterilisieren.
- Nach Ablauf der Kochzeit die Gläser sofort entnehmen, um ein Nachgaren zu verhindern.

**Tipp** > Obst im Glas kann mit frischen Früchten zu einem leckeren Obstsalat kombiniert werden. Für Erwachsene mit einem kleinen Schuss Likör und für Kinder mit einem guten Direkt-Fruchtsaft oder Sirup. Dazu einen Tupfer Sahne – köstlich!

*Obst im Glas lässt sich aus allen Früchten des Sommers zaubern. Die Monate Juli und August bieten sich dafür geradezu an: Jetzt sind Äpfel, Aprikosen, Birnen, Brombeeren, Erdbeeren, Heidelbeeren, Himbeeren, Johannisbeeren, Kirschen, Pfirsiche, Pflaumen, Preiselbeeren, Stachelbeeren, Weintrauben und Zwetschgen erntereif.*

**Tipps**

- > Angebrochene Flaschen oder Gläser im Kühlschrank aufbewahren und schnell verbrauchen.
- > Aus allen Fruchtsoßen lässt sich unkompliziert ein herrliches Sorbet herstellen. Die Fruchtsoße in ein gefriergeeignetes Gefäß geben und in den Gefrierschrank stellen. Die Masse drei- bis viermal nach ca. jeweils 1 Stunde gut durchrühren.
- > Mit Sekt wird die Fruchtsoße zu einem »Sorbet spezial«.

# Süßkirschen-Soße

*ergibt ungefähr 500 ml*

* *500 g Süßkirschen netto*
* *150 g Zucker*
* *Saft einer unbehandelten Zitrone*

- Kirschen waschen, entstielen und entkernen.
- Mit Zucker und Zitronensaft in einen Topf geben, gut durchrühren und abgedeckt über Nacht ziehen lassen.
- Danach unter mehrmaligem Rühren 8 bis 10 Minuten köcheln lassen, vom Herd nehmen und die Soße mit dem Zauberstab pürieren.
- Noch einmal aufkochen, sofort heiß in die vorbereiteten Flaschen oder Gläser füllen und gut verschließen.

## Rhabarber-Soße

Rhabarber-Soße

*ergibt ungefähr 500 ml*

* *500 Rhabarber netto*
* *150 g Zucker*
* *2 Päckchen Bourbon-Vanillezucker*

- Rhabarber waschen, schälen und in dünne Streifen schneiden.
- Mit dem Zucker in einen Topf geben und bei schwacher Hitze zugedeckt langsam zum Kochen bringen. Zwischendurch mit dem Schneebesen kräftig rühren.
- Ca. 10 Minuten unter mehrmaligem Rühren köcheln lassen.
- Kurz vor Ablauf der Kochzeit Vanillezucker einrühren und die Soße noch 1 Minute sprudelnd kochen.
- Noch heiß in die vorbereiteten Flaschen oder Gläser füllen und gut verschließen.

# Zitrus-Gelee-Stücke

- *700 ml Zitronen- oder Orangensaft*
- *700 g Zucker*
- *1 Päckchen Konfigel*
- *2 Päckchen Dr.-Oetker-Fix-Gelatine*
- *2 cl Limoncello oder Orangenlikör*

- Saft mit Zucker, Konfigel und Fix-Gelatine in einen Topf geben und kräftig mit dem Schneebesen rühren.
- 5 bis 8 Minuten unter ständigem Rühren kochen.
- Kurz vor Ablauf der Kochzeit Limoncello bzw. Orangenlikör einrühren.
- Heiß in eine flache Form mit Rand ca. 2 cm hoch einfüllen und 2 bis 3 Tage abgedeckt im Kühlschrank stehen lassen.
- Danach aus der Form auf ein Kuchengitter stürzen und in gewünschte Größe und Form schneiden.
- Die Gelee-Stücke auf einem Kuchengitter im Backofen bei ca. 75 °C Umluft 7 bis 8 Stunden trocknen lassen. Nach 3 bis 4 Stunden umdrehen.
- Nach Ablauf der Backzeit noch weitere 4 bis 5 Stunden im ausgeschalteten Ofen abkühlen lassen. In luftdichte Behälter schichten.

**Tipp** > Sie können dieses Gelee auch aus anderen Fruchtsäften herstellen. Sollten diese bereits gezuckert sein, Zuckermenge nach eigenem Geschmack reduzieren.

**Tipp** > Ein Glas eingemachte Zwetschgen ist ausreichend für ein rundes Kuchenblech mit 26 cm Durchmesser.

# Zwetschgen im Glas

## *(für Kuchen)*

*für 5 Einweckgläser mit jeweils 1 l Inhalt*

- *3,5 kg Zwetschgen netto*
- *2 1/2 Zimtstangen*
- *10 Nelken*
- *pro Einweckglas 1 bis 2 EL Wasser*

- Früchte gut waschen, trockenreiben, entstielen und entsteinen. Bis 4 cm unter den Glasrand in die vorbereiteten Einmachgläser schichten.
- Pro Glas je 1/2 Zimtstange, 2 Nelken und 1 bis 2 EL Wasser verteilen.
- Die Gläser vorschriftsmäßig verschließen und in den Einkochautomaten oder passenden Topf stellen.
- Kaltes Wasser bis 3/4 der Glashöhe aufgießen und 30 Minuten bei 90 °C einkochen.
- Nach Ablauf der Kochzeit die Gläser sofort entnehmen, um ein Weitergaren zu verhindern.

### Zwetschgenkuchen zu jeder Jahreszeit

Zwetschgenkuchen

*Für den Mürbteig*

- *250 g Mehl*
- *200 g Butter*
- *50 g Zucker*
- *1 Päckchen Bourbon-Vanillezucker*
- *1 Eigelb*

*Für den Guss*

- *200 ml Sahne*
- *100 g Rohrzucker*
- *1 Päckchen Bourbon-Vanillezucker*
- *3 Eier*
- *1 TL Zimt*

- Ofen auf 180 °C vorheizen.
- Mürbteig herstellen, in eine 26 cm runde Kuchenform geben und 20 Minuten bei 180 °C backen.
- In der Zwischenzeit den Guss vorbereiten.
- Zwetschgen aus dem Glas auf den gebackenen Mürbteig legen und den Guss darübergeben.
- Den Kuchen bei gleicher Temperatur weitere 25 bis 30 Minuten fertig backen.

# Gemüse aus unserem Garten


* Gemüse-Allerlei ab Seite 86
* Gemüse-Spezialitäten ab Seite 98
* Aus dem Kräuterbeet ab Seite 116

*Verarbeiten Sie nur einwandfreies Gemüse: frisch und möglichst biologisch. Abgelagert oder chemisch behandelt kann es bereits gären. Bitte lagern Sie aus dem gleichen Grund auch kein Gemüse, das nass oder feucht geerntet wurde.*

*Beim Einkochen konservieren Sie durch Hitze: Im Einmachgut werden die Fäulnisbakterien abgetötet und das entstandene Vakuum in den Gläsern und Flaschen verhindert das Eindringen neuer Keime.*

*Das Balkan-Gemüse schmückt nicht nur das Buffet, sondern auch jeden Vesperteller mit Wurst, Käse, Fisch und gefüllten Eiern. Es kann aber auch zum einfachen Butterbrot genossen werden.*

# Balkan-Gemüse

*für ungefähr 4 Einmachgläser mit 1/2 l Inhalt*

- *2,5 kg Paprikaschoten gemischt (rot, grün und gelb) netto*
- *250 g kleine Zwiebeln*
- *2 EL gehackte Petersilie*
- *2 TL bunte Pfefferkörner*
- *3 TL Salz*
- *1/4 l Weinessig*
- *3/4 l Wasser*
- *5 Knochlauchzehen*
- *5 frische Peperoni*
- *5 getrocknete Lorbeerblätter*

Backofen auf 220 °C vorheizen.

Ganze Paprikaschoten auf einem Backblech so lange im Ofen braten, bis sich die Haut fast schwarz färbt und Blasen bekommt. Wenn dieser Zustand erreicht ist, die Haut abziehen, Stiele, Kerne und die weißen Rippen entfernen und das Fruchtfleisch in breite Streifen schneiden.

Zwiebeln schälen und halbieren. Mit gehackter Petersilie, ganzen Pfefferkörnern, Salz, Weinessig und Wasser 10 Minuten in einem großen Topf köcheln lassen.

Knoblauchzehen schälen und fein hacken. Peperoni längs halbieren, Kerne entfernen und in Streifen schneiden.

Peperoni-Streifen zusammen mit Knochlauch und getrockneten Lorbeerblättern zum Sud geben.

Die Paprikas bis zur Hälfte in die vorbereiteten Einmachgläser schichten und den Sud bis einen Fingerbreit darübergießen.

Gläser gut verschließen und in den Einkochtopf stellen. Den Einkochtopf mit heißem Wasser bis zu 3/4 der Gläserhöhe befüllen und 60 Minuten bei 100 °C einkochen.

Die Gläser nach Ablauf der Kochzeit sofort entnehmen, um ein Nachgaren zu verhindern.

**Bitte beachten:** Klammern dürfen erst nach Erkalten des Einmachgutes entfernt werden!

# Gemüse kunterbunt

*für ungefähr 5 Gläser mit jeweils ½ l Inhalt*

- *1,5 kg buntes Gemüse netto (z. B. Blumenkohl, Bohnen, Erbsen, Kohlrabi, Brechspargel)*
- *1 l Wasser*
- *1 EL Salz*

Gemüse putzen, waschen, abtropfen lassen und in mundgerechte Stücke schneiden.

Jedes Gemüse einzeln ca. 2 Minuten in Salzwasser blanchieren und sofort abschrecken (das Gemüse kurz in eiskaltes Wasser legen, damit es seine schöne Farbe behält).

Danach in einem Sieb abtropfen lassen und hübsch in die vorbereiteten Gläser bis ca. 4 cm unter den Rand schichten. Die Deckel ohne Aufguss vorschriftsmäßig verschließen.

Die verschlossenen Gläser in den Einkochautomaten oder einen geeigneten Kochtopf stellen, bis ¾ der Gläserhöhe mit kaltem Wasser aufgießen und 60 Minuten bei 100 °C pasteurisieren.

Um ein Nachgaren zu verhindern, die Gläser sofort nach Ablauf der Kochzeit aus dem Einkochtopf entnehmen. Abkühlen lassen und kühl lagern.

**Tipp** > Erwärmen Sie dieses aromatische Gemüse nur ganz langsam in Butter oder Kräuterbutter. Es passt sehr gut zu Reis-, Nudel- und Kartoffelgerichten, aber auch als Beilage zu Fleisch oder Fisch.

**Tipp** > Nicht nur zu Grillfleisch passt dieses eingelegte Gemüse besonders gut – auch zu Fleischfondue ist es eine leckere und unkomplizierte Beilage.

# Eingelegtes Grill-Gemüse

*Für ungefähr 4 Twist-off-Gläser mit 1/2 l Inhalt*

- *1,5 kg gemischtes Gemüse netto*
- *200 g grobes Salz*

*Für die Soße*

- *1 TL Kurkuma*
- *2 TL Senfmehl*
- *2 TL Ingwerpulver*
- *1 Messerspitze Chilipulver*
- *100 g Zucker*
- *1/2 l Weißweinessig*
- *3/8 l Weißwein trocken*
- *1/8 l Wasser*
- *1 bis 2 TL Speisestärke*

Gemüse waschen und in mundgerechte Stücke schneiden.

Lagenweise mit dem Salz in eine Schüssel schichten, mit einer Platte beschweren und über Nacht ziehen lassen.

Am nächsten Tag Gemüse in ein Sieb geben und unter fließend kaltem Wasser gründlich abwaschen. Abtropfen lassen.

Für die Soße 2 EL vom Essig zurückbehalten. Dann Kurkuma, Senfmehl, Ingwerpulver, Chilipulver, Zucker, Essig, Weißwein und Wasser in einen Topf geben. Unter ständigem Rühren aufkochen lassen, bis sich das Pulver aufgelöst hat.

Das Gemüse dazugeben und bei mittlerer Hitze unter gelegentlichem Rühren nicht zu weich kochen. Den Topf vom Herd nehmen und nur das Gemüse mit einem Schaumlöffel gleichmäßig in die vorbereiteten Twist-off-Gläser verteilen.

Die Stärke in den 2 EL Essig auflösen und mit dem Schneebesen in die Soße einrühren. Unter ständigem Rühren 3 Minuten kochen, bis die Flüssigkeit dick wird.

Die Soße über das Gemüse in die Gläser gießen, bis es vollständig bedeckt ist.

Die Gläser sofort gut verschließen und bis zum Verzehr 4 bis 6 Wochen kühl lagern.

**Tipps**

> Im Kühlschrank hält sich der Ratatouille-Topf 3 bis 4 Monate.

> Angebrochene Gläser schnell aufbrauchen und das Gemüse immer, wenn Sie etwas entnommen haben, wieder mit Olivenöl bedecken.

# Ratatouille-Topf

Paprikaschoten halbieren, entstielen, entkernen und die weißen Rippen entfernen. Waschen, abtropfen lassen und in Würfel schneiden.

Tomaten nach dem Waschen in kochend heißes Wasser legen, häuten und in Stücke schneiden. Zucchini waschen und in Würfel schneiden (bei Bio-Zucchini die Schale nicht entfernen).

Thymian- und Oregano-Blättchen abzupfen, waschen und mit einem Küchentuch trockentupfen.

Zwiebeln häuten und in Stücke schneiden.

Knoblauchzehen enthäuten, fein hacken und mit dem Salz gut vermengen. Olivenöl in einem großen Topf erhitzen und Knoblauch kurz darin dünsten.

Paprika- und Zwiebelstücke dazugeben und bei mäßiger Hitze unter mehrmaligem Umrühren 3 bis 4 Minuten dünsten.

Tomaten und Zucchini dazugeben und noch einmal 2 bis 3 Minuten garen. Das Gemüse mit den Thymian- und Oregano-Blättchen, Salz und Pfeffer abschmecken. Zugedeckt bissfest garen.

Die Rosmarinzweige waschen und klein schneiden.

Gemüse in die vorbereiteten Gläser füllen, jeweils ein Stück Rosmarinzweig ins Glas geben und mit Olivenöl auffüllen, bis das Gemüse vollständig bedeckt ist.

An einem kühlen Ort 3 bis 4 Tage ziehen lassen.

*für ungefähr 6 Gläser mit jeweils 1/2 l Inhalt*

- *jeweils 1 Paprikaschote rot, gelb und grün*
- *2 mittelgroße Zwiebeln*
- *4 Knoblauchzehen*
- *2 Zucchini*
- *2 Tomaten*
- *1 gestrichener TL Salz*
- *2 EL Olivenöl*
- *frisch gemahlener Pfeffer*
- *3 Zweige Thymian*
- *1 Zweig Oregano*
- *2 Zweige Rosmarin*
- *Olivenöl*

# Eingelegte Rosmarin-Zucchini

- *2 kg Zucchini*
- *2 mittelgroße Zwiebeln*
- *5 Knoblauchzehen*
- *100 ml Olivenöl*
- *1/8 l Weißwein trocken*
- *1/4 l Weißwein-Essig*
- *1 l Gemüsebrühe*
- *2 bis 3 Lorbeerblätter, 6 Nelken, 1 TL Wacholderbeeren, 2 EL bunte Pfefferkörner,*
- *Salz, frisch gemahlener Pfeffer und Cayenne-Pfeffer, ca. 1/2 TL Zucker, etwas Zitronensaft zum Abschmecken*
- *2 große Zweige Rosmarin*

Zucchini waschen, trockenreiben und in dicke Scheiben schneiden.

Zwiebeln und Knoblauch schälen, klein schneiden und in Olivenöl glasig dünsten. Weißwein, Weißwein-Essig und Gemüsebrühe dazugeben. Alles zum Kochen bringen.

Lorbeerblätter, Nelken, Wacholderbeeren und Pfefferkörner dazugeben. Mit Salz, Pfeffer, Cayenne, Zucker und Zitronensaft abschmecken.

Rosmarin waschen, auf einem Küchentuch trockentupfen. Nadeln von den Zweigen entfernen, in den abgeschmeckten Sud geben und 5 bis 6 Minuten bei mäßiger Hitze unter mehrmaligem Umrühren köcheln lassen.

Zucchinischeiben in den Sud geben und einmal kräftig aufkochen.

Noch heiß in die vorbereiteten Twist-off-Gläser füllen. Gut verschließen und kühl lagern.

**Tipp** > Sie haben den Erntezeitpunkt der Zucchini verpasst? Kein Problem – aus groß gewachsenen Zucchini können Sie eine tolle Basis für Zucchinisuppen, Nudelsoßen oder eine Zucchinisoße mit heller Einbrenne zu verschiedenen Aufläufen zaubern: Zucchini waschen, halbieren, den Mittelteil samt Kernen mit einem Löffel herausschälen und in dicke Scheiben schneiden. In wenig Salzwasser weich kochen, mit dem Zauberstab pürieren und abkühlen lassen. Das Püree portionsweise einfrieren.

# Suppengemüse

*für ungefähr 4 Gläser mit jeweils ½ l Inhalt*

- *500 g Lauch netto*
- *500 Sellerie mit Grün netto*
- *500 g Karotten netto*
- *knapp ¾ l Wasser*
- *1 TL Salz*

Lauch putzen, in Ringe schneiden und gut waschen. Sellerie und Karotten schälen und in kleine Stücke schneiden. Selleriegrün waschen und grob hacken.

Jedes Gemüse in jeweils 2 l leicht gesalzenem Wasser 2 Minuten blanchieren und in eiskaltem Wasser abschrecken. Gut abtropfen und abkühlen lassen.

Gemüse danach in die vorbereiteten Gläser bis 4 cm unter den Rand einschichten. Selleriegrün darüberstreuen.

Aus Wasser und Salz einen Sud kochen und heiß bis 2 cm unter den Rand über das Gemüse gießen. Die Gläser gut verschließen und in den Einkochtopf stellen.

Den Einkochtopf bis ¾ der Glashöhe mit heißem Wasser auffüllen und das Einmachgut 60 Minuten bei 100 °C pasteurisieren.

Um ein Nachgaren zu verhindern, die Gläser sofort nach Ablauf der Kochzeit aus dem Einkochtopf entnehmen. Abkühlen lassen und kühl lagern.

# Bohnen-Creme

- 250 g getrocknete weiße Bohnen
- 1 mittelgroße Zwiebel
- 2 Knoblauchzehen
- 2 EL Olivenöl
- je 1 Zweig Rosmarin, Thymian, Oregano
- Salz und frisch gemahlener Pfeffer zum Abschmecken
- 175 ml Bohnensud
- ca. 1/8 l Olivenöl

Bohnen in einem Sieb unter fließendem Wasser waschen, abtropfen lassen und über Nacht in einem Topf mit kaltem Wasser einweichen.

Am nächsten Tag Bohnen im Einweichwasser 90 Minuten weich kochen, abseihen, abtropfen lassen und den Sud beiseitestellen.

Zwiebeln würfeln, Knoblauch klein schneiden und im erhitzten Öl glasig dünsten.

Kräuter waschen, mit einem Küchentuch trockentupfen, Blättchen abpflücken und mit den Bohnen zu den gedämpften Knochlauchzwiebeln geben. Mit Salz und Pfeffer abschmecken.

Den Bohnensud zu der Masse geben und 5 Minuten unter Rühren kochen lassen.

Alles pürieren, noch einmal abschmecken, in die vorbereiteten Twist-off-Gläser füllen und erkalten lassen. Zur Haltbarkeit die Oberfläche immer mit Olivenöl bedeckt halten. Die Gläser gut verschließen und kühl stellen.

**Tipp**

> Die Bohnen-Creme schmeckt hervorragend als Brotaufstrich – eine gesunde Delikatesse wegen des hohen Eiweißgehaltes.

> Eine Köstlichkeit für Vegetarier.

# Grüne-Tomaten-Chutney

*für ungefähr 6 Twist-off-Gläser mit jeweils 300 ml Inhalt*

- *800 g grüne Tomaten netto*
- *400 g Zwiebeln*
- *500 g grüne Äpfel netto*
- *150 g Stangensellerie netto*
- *50 g kandierter Ingwer*
- *75 g ungeschwefelte Rosinen*
- *125 g Rohrzucker*
- *1 TL Salz*
- *1/4 l Weißweinessig*

Tomaten waschen, trockenreiben, Stielansatz entfernen und in Würfel schneiden. Zwiebel schälen und in Ringe schneiden. Äpfel schälen, vierteln, entkernen und ebenfalls würfeln. Stangensellerie waschen, welke Teile entfernen und in dünne Streifen schneiden. Ingwer klein schneiden.

Diese vorbereiteten Zutaten mit Rosinen, Rohrzucker, Salz und Weißweinessig in einen Topf geben und bei schwacher Hitze unter mehrmaligem Rühren 25 bis 30 Minuten eindicken lassen.

Das fertige Chutney gegebenenfalls nachwürzen und noch heiß in die vorbereiteten Twist-off-Gläser füllen. Gut verschließen und kühl lagern.

Tipp > Dieses würzige Chutney passt wunderbar zu Fischgerichten, Leberspezialitäten oder auch zu einem saftigen Steak.

***Chutneys sind ursprünglich in Afghanistan, Indien und Pakistan beheimatet. Dort werden sie noch heute fast überall frisch zubereitet und gegessen. Viele Chutneys schmecken jedoch besser, wenn sie 1 bis 2 Wochen durchziehen durften – mit der Zeit können die Gewürze ihr Aroma noch besser entfalten.***

# Kürbis-Orangen-Chutney

- Kürbis schälen, entkernen und das Fruchtfleisch in Würfel schneiden.

- Aus Zucker, Apfelessig, Zitronensaft und Nelken einen Sud kochen. Kürbiswürfel darin bissfest garen.

- Kurz vor Ablauf der Kochzeit den frisch gepressten Orangensaft dazugeben. Noch einmal kurz aufkochen.

- Noch heiß bis 2 cm unter den Rand in die Gläser füllen und gut verschließen. Kühl lagern.

*für ungefähr 4 Gläser mit jeweils 200 g Inhalt*

- *1 kg Kürbisfruchtfleisch netto*
- *500 g Zucker*
- *1/4 l Apfelessig*
- *Saft von 2 unbehandelten Zitronen*
- *1 TL ganze Nelken*
- *1/4 l frisch gepresster Orangensaft*

# Zucchini-Chutney

*für ungefähr 7 Twist-off-Gläser mit jeweils ¼ l Inhalt*

- *1,5 kg Zucchini*
- *5 bis 6 mittelgroße Zwiebeln*
- *1 EL Salz*
- *2 Paprika (1 rote, 1 grün)*
- *500 g Rohrzucker*
- *½ l Kräuteressig*
- *1 EL Senf*
- *2 EL Paprikapulver*
- *1 TL Cayennepfeffer gemahlen*
- *3 TL Curry*
- *½ TL Kurkuma*

Zucchini waschen, trockenreiben, vierteln und in dicke Scheiben schneiden. Zwiebeln schälen und klein schneiden.

Zucchini und Zwiebeln in eine Schüssel geben, mit Salz vermengen und über Nacht ziehen lassen.

Abseihen, gut abtropfen lassen und die Flüssigkeit weggießen.

Paprikaschoten waschen, trockentupfen, die weißen Rippen und Kerne entfernen und in Würfel schneiden.

Zusammen mit Zucchini, Zwiebeln, Zucker, Kräuteressig und Senf in einen Topf geben. Gut durchrühren und bei mittlerer Hitze 30 Minuten köcheln lassen.

Mit Paprikapulver, Cayennepfeffer, Curry und Kurkuma abschmecken. Weitere 5 Minuten unter mehrmaligem Rühren kochen lassen.

Noch heiß in die vorbereiteten Twist-off-Gläser füllen. Gut verschließen und kühl lagern.

Tipp > Mit dem Rezept für eingelegten Knoblauch müssen Sie keine Angst vor dem typischen Knoblauchgeruch haben und können sich daher auch täglich daran bedienen – gesund, lecker und garantiert geruchsneutral.

# Knoblauch-Zwiebel-Würzpaste

* 1 kg Zwiebeln
* 1 große Knoblauchknolle
* 2 EL Olivenöl
* 1/2 l trockener Weißwein
* Salz und frisch gemahlener Pfeffer zum Abschmecken
* 2 Zweige Thymian
* 1 Sträußchen glatte Petersilie
* 1 Sträußchen Dill
* 3 bis 4 Salbeiblätter
* 50 ml Olivenöl

Zwiebeln und Knoblauch schälen, klein schneiden und mit den 2 EL Olivenöl glasig dünsten. Mit Weißwein ablöschen, mit Salz und Pfeffer kräftig würzen und bei geringer Hitze mit verschlossenem Deckel ca. 30 Minuten köcheln lassen.

Den Deckel abnehmen und das Ganze bei starker Hitze unter ständigem Rühren so lange einkochen, bis die Flüssigkeit vollständig verdampft ist.

Kräuter waschen, mit einem Küchentuch trockentupfen, mit dem Öl vermischen und in die Knoblauchzwiebel-Paste einrühren.

Noch heiß in die vorbereiteten Gläser füllen, gut verschließen und kühl lagern. Angebrochene Gläser schnell verbrauchen.

## Knoblauch pikant eingelegt

**Knoblauch pikant**

* 1/2 l Gurkenmeister
* 20 Pfefferkörner
* 20 Pimentkörner
* 4 Lorbeerblätter
* 2 Nelken
* 4 TL Zucker
* 1/4 l Wasser
* 500 g geschälte Knoblauchzehen

Alle Zutaten bis auf die Knoblauchzehen 5 Minuten unter ständigem Rühren kochen lassen.

Jetzt den Knoblauch dazugeben und noch einmal kurz aufkochen lassen.

Das Ganze in vorbereitete Gläser füllen und Olivenöl bedecken. Gut verschließen und mindestens 1 Woche an einem kühlen Ort ziehen lassen.

**Tipps**

> Kühl lagern und angebrochene Gläser rasch verbrauchen, Parmesan und Walnüsse verkürzen die Haltbarkeit. Zur Haltbarkeit die Oberfläche des Pestos immer mit Olivenöl bedeckt halten.

> Dieses Grundrezept kann auch mit Rucola oder Basilikum hergestellt werden.

# Bärlauch-Pesto

- 100 g Bärlauch
- 2 Knoblauchzehen
- 70 g Walnüsse gehackt
- 70 g Parmesan gerieben
- 1 TL Salz
- 150 ml Olivenöl kalt gepresst
- frisch gemahlener Pfeffer zum Abschmecken

Bärlauch waschen, auf ein Küchentuch legen und trockentupfen, etwas klein schneiden. Knoblauchzehen schälen und ebenfalls klein hacken.

Bärlauch, Knoblauch, Walnüsse und Salz mit der Hälfte des Öls in eine Schüssel geben. Mit dem Zauberstab fein zerkleinern.

Das restliche Öl und den geriebenen Parmesan einrühren, mit Salz und Pfeffer abschmecken.

## Getrocknete-Tomaten-Pesto

Getrocknete-Tomaten-Pesto

- 200 g getrocknete Tomaten in Öl, gut abgetropft
- 100 g frische Basilikumblätter
- 2 Knoblauchzehen
- 1 frische Chilischote
- 150 ml Olivenöl
- Salz
- frisch gemahlener Pfeffer

Die abgetropften Tomaten in Streifen schneiden. Basilikumblättchen abzupfen, kurz waschen und auf einem Küchentuch trockentupfen. Knoblauch schälen. Chilischote waschen, halbieren, die weißen Rippen und alle Kerne entfernen und klein schneiden.

Tomaten, Basilikum, Knoblauch und Chili mit der Hälfte des Olivenöls in eine Schüssel geben und mit dem Zauberstab pürieren.

Mit Salz und frisch gemahlenem Pfeffer abschmecken. Gegebenenfalls noch etwas Olivenöl dazugeben. In vorbereitete kleine Twist-off-Gläser füllen. Zur Haltbarkeit die Oberfläche des Pestos immer mit Olivenöl bedeckt halten. Gut verschließen und kühl lagern.

# Gemüse-Relish

Tomaten waschen, 3 bis 5 Minuten in kochend heißes Wasser legen, enthäuten und in Stücke schneiden. Zucchini und Paprika waschen und trockentupfen. Zucchini vierteln und in Stücke schneiden. Paprika ebenfalls vierteln, weiße Rippen sowie Kerne entfernen und in Streifen schneiden. Zwiebeln und Knoblauch schälen. Zwiebeln in Ringe schneiden und Knoblauchzehen durch die Knoblauchpresse drücken.

Olivenöl erhitzen und das vorbereitete Gemüse darin bissfest garen.

Rohrzucker in Essig auflösen und mit Salz, Curry, Paprika und Pfeffer abschmecken.

Den Sud über das gedünstete Gemüse geben und 3 bis 4 Minuten bei mäßiger Hitze unter mehrmaligem Umrühren weich kochen. Mit dem Zauberstab pürieren.

Mit Tomatenmark und den anderen Gewürzen abschmecken. Ein weiteres Mal aufkochen und noch heiß in die vorbereiteten Twist-off-Gläser füllen. Gut verschließen und kühl lagern.

*für 3 Gläser mit jeweils ½ l Inhalt*

- *250 g Tomaten*
- *250 g Zucchini*
- *4 Paprikaschoten (2 rot, 2 grün)*
- *5 mittelgroße Zwiebeln*
- *3 Knoblauchzehen*
- *6 EL Olivenöl*
- *250 g Rohrzucker*
- *⅛ l Kräuteressig*
- *1 EL Salz*
- *1 TL Curry*
- *1 EL Paprika*
- *1 TL frisch gemahlener Pfeffer*
- *Tomatenmark nach Bedarf*

*»Relish« kommt aus dem Englischen und bedeutet »Würze«. Süß-sauer, pikant oder scharf sind die Würzsoßen eine wunderbare Beigabe zu Fisch und Fleisch oder auch zu Käse.*

# Zwiebel-Paprika-Relish

*für ungefähr 5 Twist-off-Gläser mit jeweils ¼ l Inhalt*

- *1 kg Zwiebeln*
- *4 Paprikaschoten 2 rote, 2 grüne)*
- *3 Knoblauchzehen*
- *5 EL Olivenöl*
- *200 g Rohrzucker*
- *⅛ l Rotweinessig*
- *2 TL Salz*
- *1 TL Paprikapulver*
- *1 Päckchen Einmachhilfe*

Zwiebeln und Knoblauchzehen schälen. Zwiebeln in Ringe schneiden, Knoblauch fein hacken.

Paprikaschoten waschen, trockenreiben, vierteln und die weißen Rippen und Kerne entfernen. In Streifen schneiden.

Zwiebelringe in heißem Olivenöl glasig dünsten. Paprikastreifen und Knoblauch dazugeben und mitdünsten.

Rohrzucker in Weinessig auflösen. Mit Salz und Paprikapulver abschmecken und zum gedünsteten Gemüse geben.

30 bis 40 Minuten bei mittlerer Hitze weich kochen. Mit dem Zauberstab pürieren.

Die Einmachhilfe einrühren und noch einmal aufkochen, gegebenenfalls nachwürzen.

Noch heiß in die vorbereiteten Twist-off-Gläser einfüllen und kühl lagern.

# Tomaten-Ketchup

- Tomaten waschen, vierteln und die grünen Stielansätze herausschneiden.
- Zwiebeln fein hacken und im heißen Öl glasig dünsten.
- Tomatenstücke dazugeben. Essig, Zucker, Gewürze und Salz hineingeben und unter mehrmaligem Rühren zu einem dicken Brei einkochen lassen. Den Topf vom Herd nehmen und mit dem Zauberstab pürieren.
- Abschmecken, einmal kurz aufkochen und noch heiß in die vorbereiteten Flaschen abfüllen. Mit etwas Olivenöl bedecken, gut verschließen und kühl lagern.

*für ungefähr 3 Flaschen mit jeweils 1/4 l Inhalt*

* 1 kg reife Tomaten netto
* 2 mittelgroße Zwiebeln
* 2 EL Olivenöl
* 1/8 l Weißweinessig
* 2 EL Zucker
* 1 TL Pfefferkörner (zerstoßen)
* 2 Nelken
* 5 Pimentkörner (zerstoßen)
* 1 TL Salz

**Lukullus-mediterran-Tomaten**

- Tomaten waschen, vierteln und die grünen Stielansätze herausschneiden. Weiße Rippen und Kerne aus Paprikaschote und Peperoni entfernen, beides klein schneiden. Knoblauch und Zwiebel schälen, in Stücke schneiden und im Olivenöl glasig dünsten. Tomaten, Paprika und Peperoni dazugeben.
- Mit Salz, Pizza-Gewürz und Oregano abschmecken und 10 bis 15 Minuten weich dünsten.
- Vom Herd nehmen, mit dem Zauberstab pürieren, mit Pfeffer und Paprika nachwürzen.
- Noch heiß abfüllen, gut verschließen. Kühl lagern.

*für ungefähr 3 Gläser mit jeweils 300 g Inhalt*

* 1 kg Tomaten netto
* 1 rote Paprikaschote
* 1 Peperoni
* 2 mittelgroße Zwiebeln
* 3 Knoblauchzehen
* 2 EL Olivenöl
* 1 EL Salz
* 1 EL Pizza-Gewürz
* 1 TL Oregano
* Paprika und frisch gemahlener Pfeffer zum Abschmecken

*Auch die Aromen, die Würze und die gesunden Inhaltsstoffe aus dem Kräuterbeet können Sie längere Zeit konservieren. Essig und Öl durch das Einlegen von Kräutern zu verfeinern ist wohl die bekannteste Variante. Das Einsalzen von Kräutern ist eine tolle Alternative.*

# Liebstöckel-Würzextrakt

*ergibt ca. ½ l Extrakt*

- 500 g Liebstöckel
- 50 g Salz

Liebstöckel waschen und abtropfen lassen. Unschönes entfernen. 500 g Liebstöckelkraut abwiegen.

Mit 50 g Salz vermengen und eine gute Stunde in den Dampfentsafter geben.

Das Liebstöckel-Würzextrakt noch heiß in vorbereitete kleine Flaschen füllen und gut verschließen.

**Tipps**

> Sparsam zum Würzen verwenden, da hoher Salzgehalt und intensives Aroma.

> Dieses Rezept funktioniert mit allen Kräutern – ganz nach Ihrem Geschmack: 500 g vorbereitete Kräuter mit 50 g Salz mischen und in den Dampfentsafter geben.

## Petersilien-Salz

**Petersilien-Salz**

- 100 g Petersilie
- 30 g Salz

Stängel der Petersilie entfernen, das Grün waschen, trockentupfen und mit dem Wiegemesser zerkleinern. Zusammen mit dem Salz in eine Schüssel geben und mit dem Kartoffelstampfer kräftig einstampfen.

In ein luftdicht verschließbares Glas geben und im Kühlschrank aufbewahren.

*Immer schon neugierig auf Kräuter und ihre Verwendung, entdeckte ich im Kloster Reute bei den Franziskanerinnen einen liebevoll gepflegten Kräutergarten mit Führungen, Kursen und Einkaufsmöglichkeiten. Dabei lernte ich nicht nur uralte und neu entdeckte Heil- und Küchenkräuter kennen, sondern auch, wie sie zu Tee und leckerem Wasser verwandelt werden können.*

# Vital-Kräuterwasser »Erfrisch Dich«

- Die Kräuter reinigen und in eine Glaskaraffe geben. Mit frischem Leitungswasser auffüllen.
- 1 bis 2 Stunden an die Sonne stellen, abseihen und kühl stellen.
- Mit Limetten- oder Zitronenscheiben servieren.

*✱ 2 Handvoll Kräuter querbeet (z. B. verschiedene Minzen, Melisse, Zitronenverbene, Eisenkraut, Brennnessel, Ringelblume, Holunderblüten, Zitronenthymian, Johanniskraut, Rosenblütenblätter, Lavendel, Ysop, Monarde)*

*✱ 2 bis 3 Scheiben einer unbehandelten Zitrone*

**Kräuterlimonade**

- Das Wasser mit dem Zucker aufkochen, bis sich der Zucker aufgelöst hat.
- Den Topf vom Herd nehmen, Kräuter klein schneiden, dazugeben und 20 bis 30 Minuten ziehen lassen.
- Kräuter abseihen, Sud auffangen und Apfel- und Zitronensaft dazugeben.
- Einmal kräftig aufkochen, in vorgewärmte Flaschen füllen, gut verschließen und kühl lagern.

**Kräuterlimonade**

*✱ 1/2 l Wasser*

*✱ 200 g Zucker*

*✱ 2 Handvoll Kräuter Ihrer Wahl (s. oben)*

*✱ 1/2 l Apfelsaft*

*✱ Saft einer halben, unbehandelten Zitrone*

Tipp > Mit Wasser oder Mineralwasser verdünnt genießen.

# Querbeet-Kräutertee »Freu dich«

- Kräuter (frisch oder getrocknet) zu gleichen Teilen:
- Ringelblumen
- Pfefferminze
- Zitronenverbene
- Kamille
- Hibiskus

4 bis 6 EL der Kräuter klein schneiden und mit 1 l kochend heißem Wasser übergießen.

8 bis 10 Minuten ziehen lassen und abseihen.

**Tipps**

> Mit 2 cl Holunderblüten- oder Holunderbeer-Sirup können Sie die vitalisierende Wirkung noch verstärken.

> Wenn Sie Ihren Tee gerne süß trinken: Tolle Zucker-Alternativen sind Löwenzahn-Sirup (siehe Seite 40), Tannen/Fichtenspitzen-Sirup (siehe Seite 52) oder Honig-Vanille-Gelee (siehe Seite 36).

*Vitaminreich, vorbeugend und gesund – mit gutem Grund gehören Kräutertees seit Jahrtausenden weltweit zu den traditionellen Heilmitteln. Richtig zubereitet, sind sie noch dazu erfrischend und einfach lecker. Die Mischung macht's.*

# Duftblüten-Badesalz »Fühl dich wohl«

- Die Blüten nur um die Mittagszeit bei Sonnenschein pflücken, sie müssen ganz trocken sein.

- Blüten abwechselnd mit dem Meersalz in ein dekoratives Glas schichten. Die oberste Schicht muss Salz sein (macht die Haut weich). Darauf ein paar Tropfen ätherisches Öl träufeln.

- Das Badesalz 4 bis 6 Wochen durchziehen lassen.

Tipp > Auf ein Vollbad 2 bis 3 EL Badesalz geben. Falls Sie nicht in einem »Blütenmeer« baden wollen, können Sie die Mischung auch in ein kleines Stoffsäckchen füllen.

*500 g Meersalz*

*frisch duftende Sommerblüten von Mädesüß, Kamille, Dost, großer Königskerze, Malve, Zitronenverbene, Rosenblütenblätter, Lavendelblüten, Monarde, Ysop*

*Ein paar Tropfen reines ätherisches Öl (z. B. Bergamotte, Rose oder Lavendel)*

# Saisonkalender für heimische Obstsorten

| | Aprikosen | Äpfel | Birnen | Brombeeren | Erdbeeren | Heidelbeeren | Himbeeren | Holunderblüten | Holunderbeeren |
|---|---|---|---|---|---|---|---|---|---|
| Januar | | | | | | | | | |
| Februar | | | | | | | | | |
| März | | | | | | | | | |
| April | | | | | | | | | |
| Mai | | | | | ■ | | | ■ | |
| Juni | ■ | | | | ■ | | ■ | ■ | |
| Juli | ■ | | ■ | ■ | ■ | ■ | ■ | | |
| August | ■ | ■ | ■ | ■ | | ■ | ■ | | |
| September | | ■ | ■ | ■ | | ■ | | | ■ |
| Oktober | | ■ | ■ | | | | | | ■ |
| November | | ■ | | | | | | | |
| Dezember | | | | | | | | | |

| Johannisbeeren | Kirschen, süß | Kirschen, sauer | Mirabellen/ Reinekloden | Nektarinen/ Pfirsich | Rhabarber | Stachelbeeren | Weintrauben | Zwetschgen | |
|---|---|---|---|---|---|---|---|---|---|
| | | | | | | | | | Januar |
| | | | | | | | | | Februar |
| | | | | | | | | | März |
| | | | | | | | | | April |
| | | | | | ■ | | | | Mai |
| ■ | | | | | ■ | ■ | | | Juni |
| ■ | ■ | ■ | ■ | ■ | | ■ | | ■ | Juli |
| ■ | ■ | ■ | ■ | ■ | | ■ | | ■ | August |
| | | | | ■ | | | ■ | ■ | September |
| | | | | | | | ■ | | Oktober |
| | | | | | | | ■ | | November |
| | | | | | | | | | Dezember |

# Saisonkalender für heimische Gemüsesorten

| | Essiggurke | Fenchel | gr. Bohnen | Knoblauch | Kürbis | Lauch | Meerettich | Möhren | Paprika | Peperoni | Rote Bete | Sellerie | Tomaten | Zucchini | Zwiebeln |
|---|---|---|---|---|---|---|---|---|---|---|---|---|---|---|---|
| Januar | | | | | | | | | | | | | | | |
| Februar | | | | | | | | | | | | | | | |
| März | | | | | | | | | | | | | | | |
| April | | | | | | | | | | | | | | | |
| Mai | | | | | | | | | | | | | | | |
| Juni | | | ■ | | | | | ■ | | | | | | | |
| Juli | ■ | | ■ | ■ | | ■ | | ■ | ■ | | | | ■ | ■ | ■ |
| August | ■ | ■ | ■ | ■ | | ■ | | ■ | ■ | ■ | | ■ | ■ | ■ | ■ |
| September | ■ | ■ | ■ | ■ | ■ | ■ | ■ | ■ | ■ | ■ | ■ | ■ | ■ | ■ | ■ |
| Oktober | | ■ | ■ | | ■ | ■ | ■ | ■ | ■ | ■ | ■ | ■ | ■ | ■ | ■ |
| November | | | | | ■ | ■ | ■ | | | | ■ | | | | |
| Dezember | | | | | | ■ | | | | | | | | | |

## Über die Autorin

Waltraud Angele ist eine erfahrene Bäuerin. Sie bewirtschaftet mit ihrem Mann ihren eigenen Hof im Allgäu und beschäftigt sich seit Jahren mit dem Konservieren von Obst und Gemüse. Sie kann dabei auf seit Generationen vererbtes Wissen rund ums Einmachen zurückgreifen.

Frau Angele arbeitet zusätzlich über den Landfrauenverband Württembergisches Allgäu im Bauernhausmuseum Wolfegg. Bei dieser Tätigkeit handelt es sich um Schaukochen, Pflegen der alten Koch- und Backkultur, Vorführung und Weitergabe von überlieferten Koch- und Einmachrezepten.

**Bibliografische Information der Deutschen Nationalbibliothek**

Die Deutsche Nationalbibliothek verzeichnet diese Publikation in der Deutschen Nationalbibliografie; detaillierte bibliografische Daten sind im Internet über http://dnb.d-nb.de abrufbar.

BLV Buchverlag GmbH & Co. KG
80797 München



**Bildnachweis**
Alle Fotos von Bethel Fath,
außer S. 37: fotolia
Umschlagfotos: Bethel Fath

Lektorat: Maritta Kremmler, Sandra Hachmann
Herstellung: Angelika Tröger
DTP: Anton Walter, Werbegrafik

Gedruckt auf chlorfrei gebleichtem Papier

Printed in Germany
ISBN 978-3-8354-0705-3